VÁ E VENÇA

VÁ E VENÇA

Paulo Storani

Decifrando a TROPA DE ELITE

7ª edição

Rio de Janeiro | 2024

CIP-BRASIL. CATALOGAÇÃO NA PUBLICAÇÃO
SINDICATO NACIONAL DOS EDITORES DE LIVROS, RJ

S887v Storani, Paulo
7ª ed. Vá e vença / Paulo Storani. – 7ª ed. – Rio de Janeiro: BestSeller, 2024.
: il.

ISBN 978-85-465-0157-1

1. Tropa de Elite (Filme). 2. Motivação (Psicologia).
3. Motivação no trabalho. I. Título.

CDD: 658.314
18-52547   CDU: 005.32:331.1013

Meri Gleice Rodrigues de Souza – Bibliotecária – CRB-7/6439

Texto revisado segundo o novo Acordo Ortográfico da Língua Portuguesa.

Vá e vença: Decifrando a Tropa de Elite
Copyright © 2018 by Paulo Storani

Todos os direitos reservados. Proibida a reprodução,
no todo ou em parte, sem autorização prévia por escrito da editora,
sejam quais forem os meios empregados.

Todos os recursos recebidos, em razão da autoria desta obra, serão
destinados ao auxílio dos policiais do Bope feridos em confrontos e a ações
sociais preventivas voltadas para a educação de crianças e
adolescentes de comunidades carentes.

Direitos exclusivos de publicação em língua portuguesa para o mundo
adquiridos pela
EDITORA BEST SELLER LTDA.
Rua Argentina, 171, parte, São Cristóvão
Rio de Janeiro, RJ – 20921-380
que se reserva a propriedade literária desta publicação

Impresso no Brasil

ISBN 978-85-465-0157-1

Seja um leitor preferencial Record.
Cadastre-se em www.record.com.br e receba informações sobre nossos
lançamentos e nossas promoções.

Atendimento e venda direta ao leitor
sac@record.com.br

AGRADECIMENTOS

Ao Pai Eterno e ao Divino Modelo, Jesus, que em prece rogo para que eu consiga me amparar em Sua sabedoria, me inspirar em Sua coragem, demonstrar Sua força perante as dificuldades da vida, e ser merecedor de Sua proteção.

À minha mulher Márcia, pelo amor, pela força e compreensão que nos une nesta jornada.

Ao meu filho Pedro, que me precedeu no plano espiritual, pela essencial existência em sua curta e inesquecível jornada que muito me ensinou, entre tantas outras coisas, a ser pai.

À minha filha Camila, motivo de minha vontade e inspiração, por sua coragem e determinação.

Aos meus pais, pelo modelo de trabalhadores que se tornaram para minha vida.

Aos homens e mulheres que arriscam suas vidas para nos proteger.

Às Operações Especiais.

SUMÁRIO

Prefácio	11
Precursão	15
1. Construindo a "tropa de elite"	**21**
Etnodramaturgia	24
Cumprindo a missão	26
Seguindo o plano	28
O surgimento do capitão Nascimento	32
Reflexão	38
2. Tropa de elite e alto desempenho	**40**
Entendendo o fenômeno: fala o antropólogo	45
A educação familiar e escolar	50
Reflexão	59
3. Missão	**64**
Valores e missão	68
Missão atrai missionário	75
Reflexão	82
4. A cultura das tropas de elite	**87**
Voluntarismo, rusticidade e operacionalidade	93
Ritos e rituais	96
Símbolos e mitos	100
Reflexão	103

5. Vítimas, figurantes e protagonistas 110
O perfil 112
Estratégias comportamentais 116
Desafio 118
Operacionalizando o mito 123
Reflexão 127

6. Seleção rígida e treinamento duro: combate fácil 133
O princípio do desconforto 137
Simplificação, padronização e automatização 140
Espírito de corpo 143
Controle rígido de desempenho 148
Reflexão 153

7. Liderança 156
A história como referência 157
Questões éticas 160
Outros aspectos da liderança 164
As teorias na prática 169
Reflexão 174

Desfecho 177
Educação 178
Meritocracia: "A cada um, segundo suas obras" 182
Alta performance 185
Missão 186

Bibliografia sugerida 189

Ninguém é forte o bastante que nunca tenha chorado a perda de alguém querido.

Ninguém é tão corajoso que não tenha medo de se expor a quem se ama, sem a certeza de nada.

Mas vale a pena deixar de viver só porque tudo é incerto?

São essas memórias passadas que dão razão ao nosso futuro.

E é por isso que mais vale chorar pelo que se fez do que se perguntar, eternamente, como teria sido.

Vontade, assim como a saudade, não é só emocional, ela também se constrói com experiências, com amor e também dificuldades, que nos tornam maduros o suficiente para entender que é necessário sofrer, para se manter vivo.

(Pedro Storani — "Detalhes")

PREFÁCIO

Não é exagero dizer que o personagem capitão Nascimento tem um pouco do DNA de Paulo Storani. Seria exagero apenas dizer que Storani é cem por cento capitão Nascimento — é evidente que a parte do personagem em que ele se envolve com torturas e execuções nada tem a ver com esse oficial que conheci em 2005, quando começávamos a caminhada para a produção do filme.

A carreira de Storani na Polícia Militar é marcada pela ética e pelo respeito aos direitos humanos. Em seu tempo na corporação foi um combatente sério e digno, que inspirou gerações. É por isso que podemos dizer que, se ele aparece no primeiro *Tropa de Elite* como personagem, o mais próximo é o Nascimento, que se notabiliza como o coordenador do famigerado Curso de Operações Especiais, o COEsp. E, como tal, Storani também fez o seu "COEsp" particular, mas no nosso set de filmagens.

Seu trabalho com a diretora de elenco Fátima Toledo foi fundamental na construção de cada um dos personagens militares e na forma com que cada ator encarou o desafio. Tornou-se domínio público, e fato — antes que se tornasse lenda —, o momento em que Storani é esmurrado por um dos atores e tem o próprio nariz quebrado. O objetivo do Storani naquele momento foi cumprido: fazer o ator "explodir", ir um passo à frente na interpretação de um personagem igualmente explosivo, intenso. Mesmo sangrando, Storani sorriu satisfeito: a missão foi cumprida.

E esse era um grande desafio, uma espécie de "rito de passagem" entre dois mundos. Como dar realismo a atores que nunca haviam tido contato com o *ethos* militar e a escala de valores das Operações Especiais? Havia um oceano a atravessar, e Storani era o barqueiro; não um Caronte a conduzir todos até o inferno dantesco, mas um anfitrião a apresentar a cada um a tempestade e como sobreviver a ela. Fátima Toledo, que praticamente deu vida a esse novo capitão Storani, o do filme, estava no porto de saída e no porto de chegada nessa viagem pessoal do capitão.

Storani sempre teve o olhar aguçado para isto: processos de transformação, de mudança. Hoje, conduz palestras para empresas com o escopo de criar perseverança com raízes e de deixar gestores e colaboradores sempre prontos para desafios — quase todos os desafios da vida são, em algum ponto de vista, mudanças. O sucesso e o fracasso efetuam mudanças em nós, e para essas devemos estar preparados. *Vá e Vença* faz jus ao título, ao bordão que foi pintado na saída do portão do Batalhão de Operações Policiais Especiais, no Rio. Vá, faça, aconteça e vença — mas sempre aprenda, renove, mude conceitos, crie novas visões.

Neste livro tão fundamental, Storani nos fala da importância de conhecer a estrutura pessoal de valores das pessoas que irão compor nossas equipes, uma vez que é por meio dessa estrutura que os indivíduos se relacionarão com o mundo e com a sua missão. A educação se firma como um diferencial, mas associada à compreensão dos imperativos que nos movem e à visão global de motivações e desempenhos.

Mais do que mostrar a excelência de uma equipe de Operações Especiais no que se refere à gestão de pessoas, Storani nos faz ver com clareza ao longo destas páginas por que uma equipe, sob as mesmas regras e condições, pode ter desempenho melhor do que outra. E situa esse raciocínio no contexto do Brasil de hoje, um país que se define pelo "deu pra passar", pela mentalidade do "grau suficiente para aprovação". O caveira Storani se insurge contra essa filosofia da mediocridade que se espalhou pelas nossas gerações e instituições e crê que nela germinou a semente do mecanismo da corrupção, do "quem indica", do "sabe com quem está falando?" já denunciado antes por Roberto DaMatta.

Vá e Vença, portanto, é um excelente ponto de partida — que pode ser ponto de inflexão. Um livro no qual Storani se apresenta tanto quanto oficial do Bope, coordenador de curso para Caveiras, quanto como acadêmico, antropólogo atento às contradições de nossos sistemas e códigos culturais. Pode ser um livro para corrigir rumos, retomar estratégias, dar força a uma nova geração que talvez recoloque o Brasil nos trilhos. Não há promessas de dias fáceis na obra de Storani — mas há promessas de missões cumpridas e de busca por resultados perfeitos. Quando recorda aquele que foi o mais terrível fracasso do Bope — o sequestro do ônibus 174, que retratei em documentário — Storani lembra que noventa por cento dos reféns haviam sido salvos. Ressalta, porém, que nada justificaria a vida perdida no episódio e reforça com a reafirmação de que a filosofia do Alto Desempenho, adotada pelas Operações Especiais, só admite o cem por cento.

É essa obstinação, essa tenacidade em busca da excelência, que compõem a alma mater de *Vá e Vença*. O leitor certamente sairá desta experiência modificado, pronto para uma profunda reflexão sobre sua vida profissional e pessoal, seu destino e seu propósito. Podemos experimentar certa apreensão diante do futuro, já que Storani não promete um mundo cor-de-rosa. Mas ficamos com a mensagem acolhedora de seu filho, Pedro, quando escreveu para a eternidade: "Mas vale a pena deixar de viver só porque tudo é incerto?"

Vá e Vença nos mostra que vale a pena seguir sempre em fren te. "Enquanto o coração bater, tem luta" — é uma das grandes lições dadas por este livro. Quem se deixar absorver por estas páginas entenderá isso plenamente.

José Padilha

PRECURSÃO

Tropa de Elite, dirigido por José Padilha, realizou algo extraordinário: foi o filme mais assistido na história do cinema brasileiro[1]. Um filme policial que promoveu uma discussão profunda sobre segurança pública, violência urbana, corrupção, convivência conveniente entre organizações e traficantes nas comunidades e o modo como os políticos elaboram medidas de segurança e obtêm vantagens com elas. O que mais chamou a atenção do público, porém, foram os conceitos estabelecidos no próprio título — *Tropa de Elite* — e em seu subtítulo — *missão dada é missão cumprida*. A partir das primeiras exibições, começando pelas cópias piratas, desencadeou-se um movimento de debate e reflexão sobre os fundamentos mostrados no filme, mas também sobre a formação e o trabalho de equipe e sua relação com seus objetivos, suas metas e tarefas.

Por todo o Brasil e em outros países de língua portuguesa, as frases e comportamentos dos personagens passaram a fazer parte das manifestações de pessoas e grupos de trabalho. Nas empresas, universidades, escolas, equipes desportivas e recreativas, em família e em qualquer ambiente de convivência, as pessoas ado-

---

1 http://g1.globo.com/pop-arte/noticia/2010/12/tropa-de-elite-2-e-maior-bilheteria-da-historia-do-cinema-brasileiro.html

taram as formas representadas pelos atores do filme, principalmente pelo protagonista: o capitão Nascimento. Os espectadores, naturalmente, projetavam as diversas situações que envolviam o protagonista em seu próprio ambiente de atuação, e a equipe do Bope passou a ser sua equipe de trabalho; o cenário das favelas, seu ambiente de negócio; e os traficantes, políticos e corruptos, a concorrência. A partir dessa perspectiva, liderança, planejamento, estratégias, táticas, treinamento, superação de limites e disciplina operacional passaram a ter um novo sentido.

Os fundamentos do Bope, traduzidos em comportamentos dos personagens do filme, aguçaram a curiosidade do público. Por se tratar de uma produção brasileira e por abordar nossa realidade, pessoas e empresas começaram a querer entender como indivíduos e equipes podem fazer a diferença em um ambiente de alto risco. Foi por essa razão que fui convidado, em novembro de 2007, para realizar uma palestra destinada a um grupo que trabalhava com seguros e previdência, em uma instituição financeira sediada em São Paulo, que enfrentava dificuldade para atingir as metas daquele ano. O objetivo do executivo, que havia me convidado, era gerar uma nova forma de estímulo para seus líderes regionais, até o fim daquele último trimestre.

Eu me preparei para uma palestra didática, fundamentada nos dados da pesquisa que realizei durante o mestrado em antropologia social, no qual estudei a cultura do Bope-RJ. Embora não tivesse trabalhado no mundo corporativo, duas especializações na Fundação Getúlio Vargas do Rio de Janeiro tinham me capacitado para entender as expectativas do público. No dia e hora marcados em São Paulo, ao iniciar a palestra para 76 líderes, o sistema de mídia disponível parou de funcionar. Percebendo os olhares ansiosos da audiência, que aguardava uma decisão diante da inusitada adversidade, disparei:

— Enquanto o coração bater, haverá luta!

A plateia explodiu em aplausos. Mudei rapidamente a estratégia que havia traçado e falei durante quase três horas, terminando a apresentação ouvindo da audiência brados efusivos de "Caveira!". O resultado foi surpreendente, para eles e para mim, pois recuperaram as perdas e atingiram a meta de forma extraordinária no fim do ano. Esse fato gerou um novo convite: mais dez palestras para todas as equipes em vários estados, no ano seguinte.

A partir de 2008 comecei a ser chamado para apresentar os conceitos do Bope ao mundo corporativo. Passei então a realizar palestras, treinamentos e consultorias para diversos segmentos de negócios em um total de 2.476 eventos, nos últimos dez anos. O público variou de doze a 6.500 pessoas, no Brasil e no exterior. Empresas da cadeia produtiva de alimentos ou do segmento farmacêutico, de telefonia, montadoras, fabricantes de eletrodomésticos e eletrônicos, companhias de tecnologia da informação, prestadoras de serviço, de varejo, publicidade, imobiliárias, associações comerciais e industriais, cooperativas, instituições financeiras, agronegócio e universidades. Participei de eventos nos três níveis dessas instituições: estratégico, tático e operacional.

O mundo corporativo deixou de ser um cenário desconhecido, pois muitas questões entre os diversos segmentos se assemelham e todos convergem para as pessoas e os processos. Cheguei a essa conclusão quando buscava entender os segmentos de negócios ou empresas em que iria palestrar ou treinar, conhecendo sua história, o perfil das equipes, as estratégias daquele momento e as expectativas sobre meu discurso. Aprendi ouvindo executivos, líderes e destaques operacionais das diversas empresas, nacionais e multinacionais, na forma de briefings, bem como nos debriefings para avaliar o resultado do meu trabalho. Essa forma de aprendizagem fez com que outros temas de palestras surgissem, para atender às perspectivas das pessoas e organizações, bem como me estimulou a aprofundar o estudo de assuntos pertinentes às questões socioculturais.

Neste livro, apresentarei algumas propostas e análises pessoais, resultantes da visão de antropólogo, ex-capitão do Bope e consultor dos filmes *Tropa de Elite*. Considerei, para isso, temas relevantes para compreender as pessoas através de suas formas de pensar, sentir e agir diante dos cenários de normalidade e, principalmente, de crise que constantemente experimentamos. Algumas hipóteses, sobre as quais falarei, foram confirmadas por estudos de outros autores e por enquetes que realizei em diversas oportunidades com os públicos com os quais interagi, e outras dependem de validação por meio de pesquisa mais aprofundada. Sem a presunção de defender qualquer tese, o que iria requerer o rigor da metodologia científica, proponho promover reflexões sobre os temas abordados, o que poderá causar, devo advertir, desconforto, discordância e eventuais críticas.

Antecipo que não tenho a menor pretensão de produzir verdades absolutas e de me apropriar delas, contrariando tendências ideológicas e práticas de algumas categorias intelectuais. Também não tenho a presunção de esgotar, neste livro, todos os assuntos relacionados ao tema. Quero dizer, entretanto, que acredito no que aprendi no Bope: que podemos crescer tanto na cooperação quanto no conflito, desde que o confronto de ideias produza conhecimento que possa ser aceito, compartilhado e compreendido por todos os envolvidos, como a síntese resultante da dialética entre uma tese e uma antítese[2]. A simples reflexão sobre os temas apresentados permitirá que os objetivos deste livro sejam alcançados.

Diante dessa experiência, apresento nesta obra os princípios e conceitos das equipes de alto desempenho. Os capítulos foram

---

2 Para saber mais, ler HEGEL, G. W. Friedrich. *Vida e obra*. São Paulo: Nova Cultural, 2005 (Col. Os Pensadores).

escritos de forma que você possa fazer uma leitura continuada ou fragmentada. Dessa forma, poderá achar alguns temas redundantes e repetitivos, o que, na verdade, se trata de uma tática de consolidação de uma ideia pela sua recorrência, típica de rituais de iniciação ou passagem. Compartilharei com você os fundamentos e processos que transformam o Batalhão de Operações Especiais em uma tropa de elite, e ao relativizá-los com o mundo em que vivemos e as organizações que integramos, estabeleceremos parâmetros que permitirão nos avaliar, bem como as equipes a que pertencemos.

Então, para melhor aproveitamento da leitura, proponho que você se coloque, alternadamente, na condição daquele que formula a missão, do que elabora o plano para cumpri-la, dos líderes que conduzem sua equipe na execução e como integrante do time. Essa estratégia permitirá que você compreenda os outros e a si mesmo, tomando seu destino nas mãos e passando a ver o mundo ao seu redor como um membro de uma tropa de elite.

Se, depois desta Introdução, você não "pediu pra sair" e decidiu por começar a ler os próximos capítulos, prepare seu corpo, pois sua mente já me pertence! CAVEIRA!

CONSTRUINDO A "TROPA DE ELITE"

*Como se constrói uma equipe de
alta performance: um caso real.*

No final de 2005, Rodrigo Pimentel, ex-capitão do Bope e meu amigo, apresentou-me ao documentarista José Padilha. Naquele encontro conheci o projeto *Tropa de Elite*, um documentário que seria dirigido por Padilha e produzido pela Zazen Produções, com argumentos do Rodrigo. Tratava-se do relato da vida e das experiências dos policiais do Bope, a partir da história de um de seus integrantes, o então tenente André Batista, promovendo um contraponto com o personagem de outro documentário do diretor — *Ônibus 174* —, o tomador de refém Sandro Nascimento. O objetivo era apresentar o contraste entre as rotinas pessoais e profissionais de integrantes do Bope no cenário de segurança pública do Rio de Janeiro.

O motivo da reunião, no entanto, foi explicar a Padilha a construção social do Bope a partir de sua missão, de seus valores, de sua história, da estruturação do processo de seleção e treinamento dos integrantes e dos ritos e cerimônias. Apresentei algumas considerações teóricas, que faziam parte do meu trabalho de pesquisa do mestrado em antropologia social, relacionadas a performance. Ao final, os questionamentos de Padilha foram ao encontro das mesmas reflexões que me motivaram a fazer a pesquisa: se o Bope é uma unidade da PMERJ, que condições o fariam tão diferente dela? Que motivos levariam pessoas a trabalhar em uma atividade que exigiria capacidade psicológica, física e técnica, acima do exigido na corporação, para se ganhar o mesmo salário de outras funções de menor risco? Quais seriam os métodos que poderiam preparar pessoas para tamanho nível de exigência?

Em julho de 2006, três meses após a reunião na Zazem Produções, quando realizava meu trabalho de campo para a elaboração de minha dissertação, junto ao Curso de Operações Especiais, recebi um convite inusitado de José Padilha e de Rodrigo Pimentel. Eles me pediram para ler o roteiro, já terminado, e fazer uma crítica sobre o trabalho. No dia marcado, eu os reencontrei na sede da produtora onde me foi entregue uma cópia, que devorei em uma hora de leitura. Cinco anos de história da segurança pública do Rio de Janeiro foram adaptados em uma trama dinâmica de conexões entre ficção e realidade que não me deixava desviar os olhos das páginas. Ao terminar, surpreendido com o trabalho, questionei o que tinham feito, no que me responderam que *Tropa de Elite* não era mais um documentário, mas um filme. Foi então que voltei a argumentar:

— Vocês vão conseguir transformar o que está aqui neste roteiro em filme?

A reposta não me deixou dúvidas:

— Vamos fazer o melhor filme brasileiro dos últimos tempos [...] isto não é mais um filme, isto é uma missão.

José Padilha, em seguida, me fez um desafio: o de ser consultor da produção. Ele e Pimentel acreditavam que, para falar de uma tropa de elite, uma equipe de elite para a produção deveria ser preparada, e, para tanto, os princípios utilizados deveriam ser do próprio Bope. Ao me convidarem, fizeram uma observação importante, direcionando minha participação no processo: nos filmes brasileiros os papéis policiais são sempre interpretados de forma caricata, pela falta de preparação técnica específica ou em razão de uma intenção claramente depreciativa. Sendo o título *Tropa de Elite*, o público não poderia ver coisa diferente disso. A partir dessa ressalva, os motivos do convite ficaram óbvios para mim: como ex-integrante do Bope e por ter sido o coordenador do Curso de Operações Especiais que seria retratado, o 9º Curso de Operações Especiais, eu estaria em condições de contribuir com a missão.

Em encontros de trabalho com a equipe de direção, ficaram claras as situações complexas que envolviam a produção. Personagens retratados seriam confundidos com pessoas reais, como policiais militares e integrantes do próprio Bope, bem como políticos, criminosos e outras personalidades. Situações da trama reproduziriam fatos conhecidos da história do Rio de Janeiro entre 1995 e 2000, período em que Pimentel, Batista e eu servíamos no batalhão. Outra questão importante, também considerada: várias sequências seriam filmadas em favelas reais da cidade, em um momento turbulento na área de segurança pública. Sobretudo, na minha opinião, o filme estabeleceria um novo marco de uma tendência no cinema nacional, desde a série para TV dos anos 1960 *O vigilante rodoviário*, um filme policial.

O leitor pode até ser levado a pensar em outros filmes nacionais com temáticas policiais, para discordar do meu entendimento. Lembrará de filmes produzidos, de mais ou menos sucesso, para refutar a minha observação, como *Assalto ao trem pagador, Ban-*

dido da luz vermelha, Lúcio Flávio, passageiro da agonia, Pixote, Assalto ao Banco Central, 400 contra 1, Meu nome não é Johnny, Dois coelhos, Lula, filho do Brasil etc. Quero deixar claro que não tenho nada contra esses filmes, pois assisti à maioria e gostei muito de alguns deles, quer pela qualidade da direção, produção ou desempenho dos atores. Contudo, a maioria dos filmes citados conta a história de bandidos, retratam policiais como verdugos incompetentes e, como se não bastasse, se utilizam de estratégias explícitas ou subliminares para transformar bandidos em heróis, desconsiderando, justificando ou absolvendo seus malfeitos. Então, posso concluir que são filmes de bandidos.

Nas reuniões da pré-produção, conheci a tropa de elite montada para a produção, composta de profissionais renomados do cinema brasileiro e alguns iniciantes, que toparam o desafio. Com eles, aceitei a missão de orientar a construção dos cenários dos quartéis e dos figurinos policiais, auxiliar na preparação técnica profissional dos atores que interpretariam os policiais convencionais e, principalmente, os do Bope. O grande desafio estava na preparação dos atores que fariam os caveiras: Como fazer com que eles fossem capazes de interpretar policiais de uma tropa de operações especiais sem o histórico da disciplina militar e o *ethos* guerreiro incorporado ao longo de anos de socialização?

Etnodramaturgia

No mestrado em antropologia da UFF, eu cursava a disciplina eletiva ritual e simbolismo no mundo moderno. O conteúdo programático dessa matéria previa o estudo de textos escritos por autores clássicos e contemporâneos, como Gennep, Geertz, Balandier, Turner e Schechner. As obras eram relacionadas aos ritos de passagem, dramas sociais e estéticos, além da antropologia da performance e sua importância para a análise da cultura de grupos sociais. Busquei essa área da antropologia para entender os fenômenos da complexa teia de inter-relações com as quais depararia no trabalho de campo, mas ela também serviu de base conceitual para o desafio que havia aceitado na produção do filme.

Um dos textos que mais me chamou a atenção foi o capítulo "Dramatic Ritual/Ritual Drama" do livro *From Ritual to Theatre*, de Victor Turner (1982). Esse capítulo trata do experimento conduzido pelo antropólogo, no início dos anos 1980, na companhia teatral Performance Group de Nova York, a convite de seu então diretor e também antropólogo Richard Schechner. Turner foi convidado a desenvolver uma oficina com os atores e integrantes da companhia sobre o "ritual de puberdade" dos Ndembu, uma tribo da Namíbia estudada por ele e base para uma de suas grandes obras: *Florestas de símbolos* (2005). Mais do que montar uma coreografia a ser reproduzida, Turner e Schechner partiram do princípio de que se os atores pudessem compreender e incorporar as formas de sentir e pensar daquelas pessoas, poderiam agir como elas, chegando a uma performance próxima à da própria tribo.

Com base em sua etnografia, Turner e Schechner desenvolveram uma metodologia para promover a representação performática de um rito característico de um grupo social específico, a que denominaram etnodramaturgia. Para isso, elaboraram um programa de uma semana, dividido em fases que seguiam as mesmas do ritual, descritas por Gennep, mantendo suas peculiaridades. Inicialmente, os Ndembu foram "descortinados" por meio de palestras explicativas sobre suas representações, ritos, símbolos e significados, para que sua cosmovisão pudesse ser percebida dentro de outro universo. Atividades práticas envolveram pequenas representações daquele *ethos* peculiar, como modos de se expressar corporalmente que os distinguiam de forma singular. Os elementos do ritual foram gradativamente sendo introduzidos e representados, permitindo que os atores pudessem assimi-lá-los de maneira progressiva. Após uma semana, eles eram capazes de reproduzir o ritual com toda a qualidade performática dos Ndembu.

Turner, em sua exposição, relata sua surpresa com o desempenho dos atores na fase final da oficina. Ele aponta que a criação de um ambiente simbolicamente preparado para a atividade e a predisposição natural dos atores em aprender, assimilar e representar contribuíram para o sucesso do trabalho. Inspirado na experiência de Turner e Schechner, tomei a decisão de desenvolver o trabalho de preparação dos caveiras do filme *Tropa de Elite* utilizando a base conceitual da etnodramaturgia. Apresentei essa proposta, juntamente com o Pimentel, ao José Padilha e à Fátima Toledo.

A ex-atriz, psicóloga e especialista na seleção e preparação de elencos para teatro e cinema foi quem me introduziu ao mundo da dramatização estética e da preparação psicológica dos atores para uma performance de "ser", diferente do "estar". Meu planejamento acompanhou a estratégia geral estabelecida e orientada por ela. Em algumas oficinas de preparação, realizadas pela Fátima, fui convidado a participar de sua equipe, o que muito me ajudou a entender a capacidade dramática dos atores, suas aptidões e seus limites.

Cumprindo a missão

Para tal missão, uma tropa de elite foi formada por mais quatro caveiras do Bope. Oficiais e sargentos — veteranos — foram preparados para a tarefa, conhecendo o plano de treinamento e o método que eu havia proposto, bem como as orientações da Fátima Toledo sobre o universo da dramaturgia e a preparação de elencos. Tendo em vista que trabalharia com dois grupos, planejei o treinamento em duas etapas, um integrado pelos atores que representariam os alunos do Curso de Operações Especiais (COEsp), e outro por aqueles que comporiam os instrutores e a equipe de operações do Capitão Nascimento no Bope[1].

Em um primeiro momento, os grupos foram preparados separadamente, recebendo as informações básicas, como nas primeiras fases do COEsp e, posteriormente, no treinamento para operações em área de risco. Cada etapa, até a interação entre os dois times, foi planejada em três módulos, obedecendo às fases do "rito de passagem". Nelas, os elementos simbólicos do militarismo e do Batalhão de Operações Policiais Especiais seriam gradativamente apresentados, seguindo os mesmos métodos de socialização utilizados nas atividades de treinamento do Bope.

O planejamento, para as duas equipes, foi direcionado para atender às expectativas do que se devia esperar dos alunos do curso — os neófitos — e dos caveiras — os iniciados. No entanto, na prática, as etapas acabaram por se complementar. Pela ausência de uma solução de continuidade, elas foram organizadas para que cada uma incorporasse progressivamente os elementos necessários para a aquisição de um *ethos* peculiar, até chegar ao ápice do ritual, com a entrega dos iniciados para a filmagem. Para a primeira etapa, procurei a ambientação dos atores, no sentido de criar um universo distinto do que lhes seria familiar, como forma de "separação" entre seu modelo mental e sua nova forma de sentir.

Na segunda etapa — "limem" ou "margem" —, seria introduzido um novo modelo pela prática repetitiva até a exaustão, resultando no desenvolvimento de uma nova forma de pensar e agir.

---

1 Para saber mais, assista ao filme *Tropa de Elite*, de José Padilha, produzido pela Zazem Produções, 2007.

A última fase seria de reintegração ao ambiente cinematográfico, consolidando o modelo incorporado com a aplicação prática das técnicas e a performance do *ethos* guerreiro. Em cada uma dessas fases, foi planejado e aplicado um conjunto de informações e práticas específicas, com a vivência de situações onde os modelos mentais pessoais seriam contrastados com o universo no qual os atores passariam a atuar.

Seguindo o plano

Grosso modo, na primeira fase do planejamento promovemos o distanciamento dos atores de sua realidade através da apresentação de uma nova. Com uma rápida cerimônia, foram destituídos de sua identidade social ao passarem a usar a nova indumentária — os uniformes camuflados dos alunos do curso — e recebendo uma nova identidade, os números em seus bonés. A rotina diária, a partir dessa fase, envolvia a participação nos ritos e nas cerimônias comuns ao universo simbólico do militar, como formatura matinal, hasteamento do pavilhão nacional e cântico do hino nacional e canção do Bope, além da prática de exercícios com "cânticos de militares" — as *charlie mike* —, que podemos ver nas cenas do filme. Cumprimento de regras, tais como horários, normas de apresentação e padronização de procedimentos, passaram a fazer parte da nova rotina dos atores.

Para compreender a nova realidade, eles foram ambientados por meio de palestras sobre polícia e sociedade, evolução histórica da polícia no Brasil, a Polícia Militar do Estado do Rio de Janeiro e o Batalhão de Operações Policiais Especiais. Todas as interações entre a equipe de instrução e os atores eram pautadas nas mesmas formas adotadas no COEsp, com linguagem, gestos e termos peculiares do Bope, que, para um espectador de passagem, poderiam significar alguma forma de humilhação e ofensa pessoal. Essas representações simbólicas podem ser facilmente observadas nas cenas do filme, que retrata este período de preparação.

Nessa fase ocorreu o primeiro grande choque de realidade, quando no dia inaugural, os atores foram recebidos pelos instrutores em sua chegada ao local da instrução — um sítio em Vargem Grande, Jacarepaguá — às sete e meia. Sendo conduzidos para o local do café da manhã, foram orientados a terminarem a refeição em dez minutos. Após o tempo estipulado, os instrutores retornaram ao refeitório e verificaram que somente alguns haviam cumprido a tarefa — a maioria ainda continuava o desjejum em meio à conversa animada. Os instrutores, aos brados, ordenaram que parassem e saíssem correndo para o alojamento, sendo-lhes informados que a próxima refeição seria servida às duas horas da tarde. Resultado: no dia seguinte, todos terminaram o café da manhã em cinco minutos.

Na fase seguinte, juntamente com as cerimônias e ritos, apresentamos as técnicas policiais que seriam utilizadas nas cenas de ação. Utilizamos o processo da simplificação, padronização e automatização para a socialização das técnicas, por meio de apresentação em etapas progressivas, estabelecimento do "padrão" de movimento e da execução repetitiva até a exaustão. Nessa fase, as representações simbólicas, identificadas pelos gestos, pela linguagem e pela própria atitude individual e coletiva, tornavam-se mais presentes no comportamento dos atores, até mesmo nos momentos de intervalo dos exercícios e de descontração. A introdução de formas de normalização e de "docilização" dos corpos, com a técnica dos três níveis de intervenção para os erros cometidos pelos atores, passaram a reforçar a adoção do *ethos* desejado. Nessa fase promovemos a interação dos dois grupos, o dos alunos do COEsp e a equipe do capitão Nascimento — interpretado pelo ator Wagner Moura, cuja preparação protagonizou um dos momentos mais inusitados da produção, como veremos adiante.

Os exercícios práticos de emprego das técnicas eram realizados em grau progressivo de dificuldade e redução de tempo para execução. Tal método permite a consolidação do gesto motor perfeito com ações próximas ao nível de reflexo. Até a fixação mental dos movimentos, porém, os erros são comuns e constantes. Assim, quando algo fora do "padrão" era observado por um instrutor, ele intervia na execução e ensinava ao ator-aluno a utilização correta da técnica. Chamamos essa ação corretiva de intervenção verbal. Um segundo erro cometido pelo mesmo ator-aluno exigia, além da intervenção verbal, uma intervenção física, ou seja, um convite para que aquele que errou fizesse alguns exercícios físicos: uma série de trinta flexões de braço, trinta abdominais e trinta polichinelos. No caso de um terceiro erro, do mesmo bisonho, além da intervenção verbal, recebia uma intervenção térmica — um convite para uma imersão no chamado "tanque tático", uma modalidade de instrução educativa na água. Essa ferramenta de gestão de pessoas se constitui em uma piscina de cinco metros de diâmetro com um metro e meio de profundidade, construída junto a um córrego que trazia água gelada de uma nascente do alto da serra que cercava o local.

O "tanque tático", ou Instrução Tática na Água, tem a função pedagógica de produzir artificialmente o "desconforto". Quem recebe e atende o convite para entrar no tanque, ao sair molhado e com frio, tem testada a sua capacidade de superar tal condição e continuar o trabalho. Se não pode trocar de roupa ou se enxugar, vai aprender que, para retornar ao conforto de estar seco e aquecido, é preciso o sacrifício do trabalho árduo. Nesse caso, somente o conseguirá se executar os movimentos das técnicas ensinadas com mais energia, produzindo mais calor corporal, que irá secar a roupa e diminuir o frio. O termo "convite" usado para os alunos significa que, se eles não quisessem realizar o que se pedia, bastaria "pedir pra sair", desistindo da missão. Essa condição foi a que mais marcou as atividades dos atores nessa fase, pois eles passaram a cobrar entre si um melhor desempenho. Quando alguém errava, eles mesmos apontavam o "tanque tático". Alguns, sem qualquer convite, pediam autorização para sair de formação e entravam no tanque; ao serem questionados sobre o motivo, eles informavam que haviam cometido um erro e estavam se orientando, para se manterem atentos.

Na última etapa do treinamento, o simbolismo do *ethos* guerreiro já se fazia presente. Os atores já haviam se adaptado à disciplina de cumprimento de horários, à troca rápida de roupa, à restrição de tempo para as tarefas, e também entoavam as canções militares com vontade fenomenal, além de verbalizarem termos característicos do Bope. Suas atitudes já demonstravam mais energia do que fora observado nos primeiros dias de treinamento. Este ânimo foi reforçado, sem dúvida, pela nova postura de Wagner Moura, logo após uma oficina à qual foi especialmente submetido.

No treinamento, passamos a empregar as técnicas de operações especiais em situações parecidas com aquelas que os atores representariam nas cenas do filme. Construímos cenários que representavam becos de favelas e estruturas urbanas, para simularmos operações em área de risco. Apresentávamos a missão aos atores, de forma que eles planejassem, preparassem e agissem, em formação tática, como nas operações do Bope. Para cada missão cumprida, avaliávamos o resultado, como forma de identificar a aplicação do método 3M, do melhor desempenho, máxima segurança e mínimo esforço — como será explicado adiante. Qualquer ação coletiva ou individual que fugisse desse padrão era assinalada, para que fosse corrigida para a próxima missão.

O surgimento do capitão Nascimento

As técnicas de docilização dos corpos estão sujeitas a severas e fundamentadas críticas por parte de especialistas em treinamento. Contudo, a pressão física e psicológica utilizada nesses processos tem como objetivo obter um desempenho capaz de suportar as variáveis de um ambiente instável, ambíguo e turbulento. Para a preparação dos atores, Fátima Toledo me explicou que as técnicas empregadas em seu trabalho buscavam "produzir uma ambiência que levaria o ator a sentir 'a realidade', e não simular estar sentindo", o que nesse caso poderia resultar em uma caricatura. A melhor forma de reproduzi-la é experimentando a realidade. Essa diferença, quando "degustada", seria capaz de distinguir qualitativamente o ator, pois a experiência passaria a fazer parte de um "arquivo emocional" contido, até ser despertado pelo próprio artista, por meio de "gatilhos" que desencadeariam a performance estética desejada. Tais experiências também podem ser explicadas na antropologia como "dramas sociais".

Os "dramas sociais" são processos que surgem em situações de conflito. Criar um ambiente para experimentação de sentimentos como raiva, medo, alegria e tristeza podem gerar situações que acabam por resultar em cisão — como o conhecido "pedir pra sair" — ou em reintegração com incorporação dos sentimentos que surgirão em cena. O nível de ruptura e reintegração resultante desse drama pode ser potencializado pela "compatibilidade ou incompatibilidade" do perfil do ator com o personagem, facilitando ou dificultando a metodologia. Assim, algumas situações ocorridas durante o treinamento repercutiram de forma significativa e, segundo Fátima Toledo, entraram para a história da cinedramaturgia brasileira, como a preparação do ator Wagner Moura para o papel do personagem capitão Nascimento.

A competência técnica do ator, pelo seu histórico profissional, é inegável. Contudo, a interpretação de um personagem com perfil inusitado no cinema brasileiro, como o capitão do Bope, passou a ser um desafio; na verdade, uma missão. Um baiano típico, com um coração do tamanho de seu estado, amável com todos à sua volta, paciente com erros alheios e um mediador de conflitos incapaz de se alterar com alguém para corrigir ou exigir que se fizesse algo melhor, parecia algo muito distante do personagem. Tal condição, potencializada pelo nascimento de seu primeiro filho, poucos meses antes da preparação, criou um afastamento daquilo que se esperava para o personagem.

As características descritas acima foram observadas durante as oficinas da Fátima Toledo e no início da preparação dos policiais do Bope. Até a fase de aprendizagem das técnicas policiais, Wagner foi um dos alunos mais aplicados, juntamente com Caio Junqueira, o tenente Neto, e Juliano Cazarré, o Bambam. Contudo, na fase de simulação das operações, quando foi colocado para comandar seu time, a Equipe Alfa do Bope, sua performance ficou muito abaixo do esperado. Ele, visivelmente, não havia incorporado a atitude de líder de time. Faltava-lhe a expressão corporal, entonação de voz e o olhar vivo, característicos dos caveiras.

Fátima Toledo levou essa questão ao diretor José Padilha, que determinou que se fizesse o que fosse preciso para "despertar" o capitão Nascimento. Em reunião com Fátima, foi elaborado um plano no qual ela empregaria técnicas capazes de criar um ambiente que pudesse gerar uma resposta mais agressiva de Wagner. Utilizariam como "pano de fundo" uma cena muito forte do filme, o desligamento do aluno 02 do Curso de Operações Especiais, o Capitão Fábio. Caso essa condição não fosse o suficiente, José Padilha permitiria que usassem as técnicas de "desconforto" do Bope. Tais técnicas têm como objetivo produzir um comportamento resultante de uma forte pressão física e psicológica, fazendo o aluno chegar ao seu limite e decidir abandonar o curso, "pedindo pra sair" — a ruptura — ou marcar sua posição para superar aquela condição, ganhando o respeito dos iniciados — a reintegração. Acostumado ao treinamento de alunos militares, a questão era: como eu poderia chegar no limite de Wagner e como prever sua reação naquele momento?

Como o treinamento seria realizado em uma sala do espaço locado, adotei algumas condições para o exercício, caso fosse necessário pôr em prática as técnicas do Bope. A pressão seria exercida sob a forma de cobrança por resultados na realização de tarefas com ações de correção, em um ambiente confinado, com portas e janelas trancadas. A pressão em ambiente restrito tem como objetivo "não" permitir a fuga do "pressionado", caso este desistisse do processo e pedisse para sair, criando o que chamamos de "síndrome do animal acuado". Nessa situação, devido à ausência de condição de fuga, a luta é inevitável. Esse é o ambiente onde qualquer pessoa descobre seus limites e o que é capaz de fazer. Plano aprovado por Fátima, fomos para a ação.

Assisti à oficina de Fátima Toledo desde o início, e passei a compreender melhor seu trabalho, muito sintonizado com a filosofia do Bope. A dinâmica contava com a participação do capitão Fábio — Milhem Cortaz —, do tenente Neto — Caio Junqueira —, e do tenente Mathias — André Ramiro —, e reproduzia uma parte estressante do filme, durante o período do Curso de Operações Especiais, a "semana do inferno". Após um aquecimento, que acabava por produzir uma disputa entre os atores antagonistas — capitões Nascimento e Fábio —, a cena se desdobrava. Contudo, depois de quarenta minutos de exercício, ver o capitão Nascimento ser ofendido pelo capitão Fábio sem esboçar reação foi demais! Aos brados, demonstrando insatisfação, Fátima interrompeu a dinâmica e determinou que todos saíssem para um intervalo. Essa era a minha deixa.

Enquanto Wagner Moura saía da sala, visivelmente cansado, entrei na frente dele e, com dedo em riste, apontando para seu rosto, esbravejei: "Você não!" Assustado com meu comportamento, ele recuou para o meio da sala. Enquanto eu trancava a porta e as janelas, aos brados reprovava o que vira antes, "uma atitude fraca, inepta e covarde de quem deveria ser um caveira [...] um líder dos melhores combatentes do mundo". Voltando-me para ele, comecei a desafiá-lo a fazer melhor, determinando que começasse a arrumar o ambiente para o treinamento que se seguiria. Wagner, visivelmente abalado, começou a afastar cadeiras e mesas e a agrupar o material utilizado na dinâmica anterior em um dos cantos da sala, sob meus protestos e ofensas pelo modo incompetente e indolente como trabalhava. Reprovando a forma como realizava uma simples tarefa, comecei a corrigir sua falta de atitude e capacidade de organização, ordenando que "pagasse" flexões de braço e abdominais, enquanto eu desfazia toda a arrumação, jogando o material pela sala, para que ele refizesse tudo.

Após cerca de trinta minutos desse exercício estressante, fiz com que ele buscasse um copo de água mineral na geladeira para mim. Por três vezes eu mandei que ele retornasse à geladeira para pegar a água, pois ela nunca estava na temperatura ideal para eu beber. Em razão da dificuldade de encontrar a água na temperatura certa, determinei que ele ficasse soprando o fundo de um copo com água, até que ela atingisse o estado ideal. Ao beber um gole, perguntei a Wagner se ele estava com sede, e quando respondeu que sim, bebi mais um gole, fiz um gargarejo com a água, cuspi de volta no copo e ofereci ao ator, que a ingeriu. Fiquei surpreso, pois achava que ele reagiria. Olhei para Fátima, que também estava pasma com a atitude submissa, contrariando o que pretendíamos. Assim, decidi partir para o plano B.

Jogando ao chão o copo que Wagner segurava, comecei a vociferar adjetivos sobre sua incompetência, covardia e submissão. Ao questionar os valores e sobre o que era mais importante na vida dele, a resposta já era esperada: "Meu filho!" Segurei-o e empurrei-o ao chão, mandando que não parasse de fazer flexões até que não aguentasse mais. Aos brados eu enaltecia a importância da família em nossas vidas. Quando, na posição de flexão, seu suor já escorria em profusão e seus braços começaram a tremer pela fadiga muscular, mudei radicalmente o tom de voz. Agachei ao seu lado e passei a sussurrar em seu ouvido uma narrativa. Lenta e gradativamente fui construindo um cenário no qual ele experimentava uma situação extremamente violenta[2] que envolvia seus entes queridos, até que o ápice da situação o fez se levantar bruscamente e andar de um lado para o outro com a respiração ofegante e o semblante transtornado. Passei a segui-lo, descrevendo a cena repetidamente e cobrando uma reação. À medida que ele tentava se afastar, eu restringia seu espaço até confiná-lo em um dos cantos da sala, impedindo que fugisse. Quando tentou se esquivar, eu o empurrei de volta para o canto. Ao se chocar violentamente contra a parede, Wagner se voltou para mim com o semblante em fúria e uma rápida torção do tronco, com o braço direito semiflexionado e o punho fechado desferiu um cruzado de direita, que acertou meu rosto, enquanto eu tentava me afastar do ponto de impacto para garantir alguma dignidade.

Com a resposta do — agora sim — capitão do Bope, comecei a bradar com o nariz sangrando em profusão: "Este é um caveira!" Exultante, Fátima Toledo reforçava repetidamente: "Você é o capitão Nascimento!" Ela retornou os atores para a sala, que ficaram atônitos quando viram meu nariz quebrado e a mão do Wagner sangrando. Imediatamente, o capitão Nascimento partiu para cima do capitão Fábio, jogando-o no chão da sala e, aos

---

2 Deixo de detalhar a situação em que consegui a reposta descrita em respeito ao amigo Wagner Moura.

brados, o chamava de corrupto e dizia que ele jamais sairia "cursado", incorporando a epígrafe: "Pede pra sair!" Após a tensa oficina, Fátima Toledo ligou para o diretor e avisou: "Nasceu o capitão Nascimento, temos nosso capitão do Bope."

Foi impressionante o estado de ânimo de Wagner nos dias que se seguiram à oficina, o que acabou por contagiar os demais atores. Os exercícios fluíam tão bem que os instrutores experientes ficaram impressionados. A qualidade técnica e comportamental superou as expectativas. Não havia nenhum tipo de resistência às orientações, e o sentimento cooperativo passou a ser a marca do time que se formou. No fim do treinamento, fizemos uma cerimônia de encerramento, tal como fazemos no Bope. O que causou espanto foi a forma que os atores-caveiras encontraram para comemorar o término da preparação. Após as palavras de cada instrutor que participou do treinamento, o capitão Nascimento conclamou seu time para o "tanque tático". Todos correram para o tanque — antes símbolo de sofrimento — e mergulharam. Dentro dele começaram a entoar a canção do Bope. Eu e todos os instrutores não resistimos e mergulhamos junto.

A prova de fogo veio com uma solicitação que fiz ao Zé Padilha. A gravação de uma das primeiras cenas do capitão Nascimento ocorreu na comunidade de São José Operário, na Praça Seca, zona norte do Rio de Janeiro. Pedi ao diretor que aproveitássemos a oportunidade para colocar o time em ação e fizéssemos uma progressão tática na favela. Já na madrugada, em uma casa que foi locada pela produção, na base de entrada da comunidade, determinei ao capitão Nascimento que preparasse seu time, a Equipe Alfa do Bope, e os levasse para a laje da casa. Mandei que apagassem todas as luzes e coloquei todos os — agora — caveiras sentados de frente para o morro. Após uma longa pausa em silêncio, para ouvir os sons da comunidade, comecei a criar, em tom de voz baixo, um cenário onde a equipe teria recebido a missão de invadir uma favela para resgatar policiais encurrala-dos na parte mais alta. Aumentando o tom de voz progressiva-mente, comecei a lembrá-los do treinamento, do sofrimento, mas, sobretudo, da camaradagem ente eles e do espírito de missão, até que bradei: "Missão dada!", e eles responderam: "Missão cumpri-da!" enquanto desciam da laje, liderados pelo capitão Nascimen-to. Organizaram-se em formação tática e partiram em progres-são pela favela. No final da incursão, no alto da comunidade, Zé Padilha exclamou:

— Cara, parece o Bope!

— Não parece, é o Bope! — respondi.

Três anos depois do primeiro filme, no treinamento para *Tropa de Elite II*, eu havia planejado reativar os mesmos atores em uma semana de treinamento. Utilizaria a mesma sequência pe-dagógica adotada na parte técnica do treinamento anterior. Para minha surpresa, em três dias os atores já estavam no mesmo ní-vel que eu os havia deixado anos antes. Suponho que a criação de uma estrutura comportamental, acionada por um "gatilho", foi capaz de desencadear a performance esperada. O que muito me impressionou foi a capacidade de aprendizagem dos atores. Des-pertados para alta performance, ao serem reativados, eles respon-deram prontamente como uma tropa de elite.

Reflexão

Muitos podem pensar que o sucesso do filme foi a sorte de se ter uma boa e bem contada história. Contudo, todo o trabalho se ori-ginou de um objetivo claro e inspirador, e seguiu por um bom planejamento, de uma perfeita seleção de pessoas capazes e com-prometidas, de sua preparação para atuar por parâmetros de alto nível, finalizando com uma execução disciplinada, que buscou, continuamente, a excelência. Como se não bastasse, o mesmo desafio foi apresentado para *Tropa de Elite II*, em que o padrão estabelecido era fazer melhor que o primeiro. Por isso, afirmo: "Sorte é o encontro da capacidade com a oportunidade."

A obra de José Padilha e sua equipe reforçou o entendimento da alta performance a partir de uma experiência tipicamente brasileira, despertando o interesse das pessoas e instituições em conhecer e aplicar os processos capazes de conduzi-las ao melhor desempenho. Por esse motivo passei a ser convidado por diversas organizações para expor os princípios que fazem o Bope o que ele é — uma tropa de elite — e pretendo, nos próximos capítulos, aprofundar alguns dos principais temas que apresento nas palestras pelo país afora. Portanto, é fundamental que você tenha o senso crítico necessário para confrontar as ideias apresentadas com as suas próprias, desenvolvendo a necessária síntese, que poderá constituir a sua nova verdade.

TROPA DE ELITE E ALTO DESEMPENHO

Ao ouvir o termo "tropa de elite", o que vem ao seu pensamento? Como você imagina que são seus integrantes? Como são selecionados e preparados para cumprir sua missão? Que métodos e processos você acredita que eles utilizam em suas atividades? Qual a história comum entre eles?

Diante do que eu tenho presenciado ao longo dos últimos dez anos em palestras, conferências e treinamentos pelo Brasil, posso afirmar que o termo "tropa de elite" foi incorporado, definitivamente, ao vocabulário do brasileiro a partir do filme de mesmo nome dirigido por José Padilha. É por esse motivo que eu vou explicar e compartilhar alguns parâmetros conceituais para que possamos estabelecer a base de entendimento do termo, que permitirá a compreensão dos processos e fundamentos de uma tropa de elite, demonstrado no capítulo anterior.

Inicialmente, podemos entender que essa terminologia serve para designar um grupo, equipe ou time capaz de mobilizar e convergir conhecimento e habilidades individuais para o cumprimento de objetivos que exigem a superação de limites técnicos, psicológicos e físicos.

Em sua essência, as tropas de elite contêm uma ideia de complementaridade entre os seus integrantes, formando um conjunto no qual o todo passa a ser mais que a soma das partes. Possuem estruturas singulares de crenças e valores, fortalecidas por um sentimento de pertencimento, que se manifestam durante a execução de suas atividades, na comunicação entre seus integrantes e na forma de se comportarem diante de situações extremas. Atuam sempre na fronteira entre o que a maioria das pessoas considera fenomenal ou insano, e o resultado obtido no cumprimento de sua missão as definem como times de "alto desempenho" ou de "alta performance"[1].

Ao ler o parágrafo acima, se substituirmos o termo "tropa" por "equipe" você poderá perceber que não fiz qualquer referência às atividades militares ou policiais. Quero dizer que o conceito é aplicável a qualquer tipo de grupo organizado de qualquer atividade ou negócio, ou seja, serve para referenciar um conjunto de pessoas que se propõem, continuamente, a obter melhores resultados. Podem ser equipes empresariais, desportivas, militares, escolares ou mesmo de organizações sem fins lucrativos. Se há alguma dúvida, reflita sobre o que são os Médicos Sem Fronteiras[2]. Essencialmente, trata-se de pessoas, processos e objetivos comuns a serem atingidos. O ponto fundamental é: que tipos

---

1 Para saber mais, sugiro a leitura de: STORANI, Paulo. *Vitória sobre a morte: a glória prometida. O "rito de passagem" na construção da identidade dos Operações Especiais do Bope/PMERJ.* Dissertação apresentada ao Programa de Pós-Graduação em Antropologia da Universidade Federal Fluminense.

2 Doe para os Médicos Sem Fronteiras: www.msf.org.br

de indivíduos compõem essas equipes? Que tipos de processos são desenvolvidos, adotados e executados? E que objetivos eles se propõem a atingir? Ao tentar responder a essas perguntas, vamos descobrir alguns fatos relacionados ao nosso comportamento, diante de determinadas circunstâncias.

Não é muito difícil constatar que boa parte das pessoas, quando se depara com os conceitos que apresentei acima, elabora uma condição de afastamento psicológico, consciente ou não, de cada argumento que os compõe. Esse fenômeno, estudado na psicologia como "mecanismo de defesa"[3], é desencadeado quando, diante de uma frustração, ou da possibilidade dela, o indivíduo desenvolve estratégias de preservação de seu ego criando um distanciamento das situações que ele avalia não ser capaz de suportar — como passar por um processo seletivo, a realização de uma tarefa que exija maior empenho ou qualquer atividade que possibilite um resultado negativo. Nesse tipo de situação as pessoas negam, compensam ou projetam, evitando assim colocar à prova seu conhecimento e as habilidades que precisam ser avaliadas ou reafirmadas. Com base nessa premissa, podemos concluir que somos impelidos a criar uma resistência natural às dificuldades ou mudanças de cenário, principalmente quando exigem modificação de hábitos pessoais, sacrifício ou renúncia de condições que valorizamos e das quais não queremos abrir mão.

Durante minhas atividades como gestor, professor e palestrante, deparei-me com situações inusitadas que contextualizam os comportamentos de distanciamento. Muitas vezes, ao chegar aos locais dos eventos em que iria palestrar, reparava que as pessoas me identificavam e passavam a olhar de forma curiosa. Em con-

---

3 Para saber mais: FREUD, Anna. *O ego e os mecanismos de defesa*. Porto Alegre: Artmed, 2006.

versas oportunas, eu acabava sendo bombardeado de perguntas sobre o Bope, que materializavam a curiosidade natural da plateia:

"É verdade que vocês são retirados de suas famílias aos 9 anos de idade para serem levados para campos de treinamento, como faziam em Esparta, na Grécia antiga?"

"É verdade que, para trabalhar no Bope, vocês são geneticamente modificados, para poderem enfrentar e suportar a pressão do trabalho?"

"Ouvi dizer que vocês vivem no quartel como se fossem monges e que só saem quando têm uma missão a cumprir. Isso é verdade?"

Embora possam parecer brincadeira, esses questionamentos são comuns e refletem um mito. Muitos acreditam que, para exercer certas atividades ou fazer parte de algumas equipes, os indivíduos devem possuir alguma característica diferente, que poderia estar relacionada ao tipo de educação que receberam desde a mais tenra idade, ter sido submetidos a treinamentos que proporcionam capacidade sobre-humana ou ser dotados de alguma habilidade pessoal extraordinária. Essa crença sem fundamento racional, mas baseada no mecanismo de defesa, nos permite concluir que as pessoas, de modo geral, criam obstáculos teoricamente intransponíveis, que as afastam da única condição que lhes permitiria evoluir pessoal e profissionalmente, ou seja, a superação de seus próprios limites intelectuais, físicos e psicológicos. Acabam, assim, por estabelecer condições que estão fora de seu alcance, quando seus limites passam a se relacionar com a necessidade de superá-los para atingir novos objetivos.

Se fizermos uma autocrítica, podemos concluir que somos extremamente apegados a determinadas condições que consideramos fundamentais para nossa vida em sociedade e, quando as alcançamos, não queremos mais sair delas — algo que podemos chamar de conforto, estabilidade ou segurança. Sentimo-nos confortáveis quando estamos seguros, e isso significa viver em um ambiente previsível, sem turbulências ou alterações repentinas, a salvo de qualquer tipo de pressão por mudanças, tendo como única condição cumprir a rotina para preservar a estabilidade obtida. Nesse cenário qualquer um pode ser bom, limitando-se a ser eficiente. As tarefas podem até exigir conhecimento e habilidades, mas as atitudes individuais que nos diferenciam estariam restritas a medidas previsíveis para sanar alterações ocasionais.

Não percebemos, ou não queremos perceber, que o ambiente estável, seguro e confortável acaba nos tornando peças descartáveis, que podem ser substituídas sem nenhuma alteração na estrutura ou no resultado. Afinal, o que todos podem fazer poderá ser feito por qualquer um e no mesmo padrão, em razão do mesmo nível de conhecimento, habilidade e vontade. Ficamos, assim, tão preocupados em preservar uma condição confortável que ignoramos que é no ambiente antagônico ao conforto — portanto, na adversidade ou na crise — que emerge a diferença entre as pessoas.

Quando a rotina é rompida pelo inusitado, quando as previsões não garantem os resultados, riscos deverão ser avaliados, alternativas deverão ser desenvolvidas, e decisões deverão ser tomadas para atender a demandas ou solucionar problemas de um ambiente que passa a exigir atitudes extraordinárias. Somente situações e ambientes desconfortáveis colocam nossas qualidades pessoais e coletivas à prova. Nossa coragem de vencer a inércia, causada pelo medo ou covardia, e nossa capacidade de agir em razão do conhecimento adquirido e das habilidades desenvolvidas, nos qualificam e nos referenciam. É na crise que seremos conhecidos e lembrados, e não na normalidade.

Entendendo o fenômeno: fala o antropólogo

Por que temos o costume de criar dificuldades para enfrentar determinadas condições que estariam fora de nosso alcance profissional e pessoal? Que motivos seriam capazes de mudar nossas atitudes para fazer o melhor em nossas atividades? O que devemos fazer para sermos mais competitivos?

Ouvimos e lemos que o Brasil não é um país competitivo. Este fato pode ser constatado pelo ranking do Fórum Econômico Mundial, publicado no *Relatório Global de Competitividade 2016-2017,* onde nosso país ocupa a 80ª posição. Divulgada periodicamente, a pesquisa analisou o ambiente de competitividade em 137 países e concluiu que o nosso perdeu 32 posições em quatro anos, ficando abaixo da média mundial. São doze itens avaliados, e em alguns, como falta de eficiência do governo, nível de corrupção, carga tributária, saúde pública, segurança e educação, o Brasil compete com os piores. Os níveis de eficiência empresarial e de produtividade também colaboram de forma significativa para o resultado; segundo a interpretação dos dados, ser eficiente e produtivo requereria legislação e incentivos apropriados para empresas, permitindo o investimento de recursos para desenvolver a capacidade de produzir bens e serviços em diversidade, quantidade e qualidade com iguais ou menores custos, esforço e tempo do que outros países.

Para entender o fenômeno da falta de competitividade de nosso país, de suas instituições e das empresas, estabeleci o foco de análise no seu maior capital: o brasileiro. Compreender o indivíduo a partir dos aspectos relacionados às estruturas sociais, cognitivas e emocionais, que contribuem para o que nos tornamos como pessoas, cidadãos ou trabalhadores, foi a melhor estratégia que encontrei para chegar às minhas conclusões. Durante palestras, treinamentos e consultorias que realizei nos últimos anos, estabeleci como princípio entender como se processam as formas de sentir, pensar e agir das equipes empresariais diante de questões relacionadas às rotinas do mercado de trabalho, mas principalmente durante as crises sistemáticas pelas quais passavam.

As respostas recorrentes da maioria das pessoas com as quais interagi, obtidas por meio de apresentações institucionais, diálogos e enquetes que realizei, permitiram-me entender os motivos e os processos que orientam formas identificáveis de comportamento, presentes em nossas decisões e ações nos níveis estratégico, tático e operacional. As constatações, confrontadas com os princípios e conceitos do BOPE, ajudaram-me a compreender as convergências e divergências entre estruturas organizacionais, processos de seleção e de desenvolvimento e de acompanhamento de resultados. Para melhor entendimento e abrangência de minha exposição, vou apresentar uma breve análise dos grupos sociais de indivíduos, que passei a adotar em meu trabalho como forma de melhorar o processo de comunicação e compartilhamento de conceitos. Trata-se das categorias sociológicas compostas pelas gerações X, Y e Z.

Esses grupos, identificados por gerações, compreendem aqueles nascidos sob a progressiva influência das condições geradas por determinados contextos urbanos, sociais, econômicos e tecnológicos a partir da II Guerra Mundial. A evolução de grandes centros urbanos, o aumento e a concentração populacional, a oferta sistemática e progressiva de produtos, associados à prosperidade econômica e aos avanços tecnológicos, desenvolveram um mundo com novas formas de interação entre pessoas e instituições, acesso ilimitado a todo e qualquer tipo de conhecimento e a bens cada vez mais efêmeros e, portanto, continuamente consumíveis. Tais condições propiciaram a criação de expectativas e comportamentos próprios que passaram a caracterizar as pessoas desses períodos, afetando, assim, qualquer tipo de análise.

Começamos com o *baby boom* [explosão de nascimentos], ocorrido logo após a II Guerra Mundial, que estabeleceu a matriz dessas gerações. Caracterizada pela necessidade de reconstrução moral, social e material da humanidade, impactada pela destruição, violação de direitos elementares e perda de vidas humanas, o período exigiu da sociedade grande esforço moral, organizacional e físico. As pessoas nascidas nesse período foram criadas sob o discurso das restrições dos tempos de guerra e estimuladas por seus pais a garantir a estabilidade e a segurança financeira buscando um emprego em uma grande empresa ou se tornando funcionários públicos. O pai era o provedor, e a mãe cuidava da casa e dos filhos, que formariam a geração X.

A geração X, minha geração, foi concebida na década de 1960 chegando até o final dos anos 1970. As pessoas desse período passaram pela polarização ideológica e econômica do mundo entre capitalismo e comunismo, pelos movimentos de contracultura e pela revolução sexual e tecnológica até chegar ao mercado de trabalho. O objetivo pessoal e profissional da maioria era conseguir um emprego público e adquirir a casa própria, a ser paga em prestações até os 60 anos de idade. Pensávamos assim por influência das restrições e dificuldades que nossos pais tinham passado e nos transmitiram em suas histórias. Essa geração assistiu ao surgimento do computador pessoal, do celular, da internet, do e-mail etc. Aprendeu a trabalhar dentro de padrões estabelecidos, desenvolveu maior capacidade para entender e incorporar os valores de sua empresa, e seu sucesso era mensurado pelo tempo de serviço dentro dela. As mulheres desse período começaram a deixar o papel de coadjuvantes na família e passaram a disputar espaço no mercado de trabalho, competindo com os homens. A educação dos filhos foi repassada para avós, creches e escolas. Aqueles que mais se destacaram na geração X hoje são os muitos executivos das empresas que conhecemos. Em seguida veio a geração Y, que surgiu no início dos anos 1980 e terminou no início dos anos 1990.

A geração Y nasceu amparada pela tecnologia em um mundo digital. Boa parte das crianças desse período conheceu, como ninguém, os videogames, os computadores, a TV a cabo e outras facilidades fornecidas por seus pais X para compensar o que eles mesmos não tiveram em suas infâncias e por não estarem tão presentes em sua educação, já que dedicaram a maior parte do tempo ao trabalho para pagar a casa própria e as contas. Na juventude, sabiam mais do mundo e de qualquer assunto pela internet do que pela escola e pelos livros. Já no mercado de trabalho, são capazes de executar múltiplas tarefas, gostam de se desafiar constantemente, não aceitam atividades subalternas, querem evoluir rápido no emprego e receber altos salários. Quando essas condições não ocorrem, os membros da geração Y se frustram e trocam de emprego como mudam de jogo no computador ou escolhem entre as centenas de canais da TV a cabo. De modo geral, desenvolvem uma identidade provisória com as empresas que trabalham, têm dificuldade para trabalhar em equipe, a não ser pelas redes sociais, mas são muito criativos e consumidores vorazes de tecnologia e informação. São sucedidos pela geração Z.

Nascida entre 1992 e 2010, a geração Z não concebe um mundo sem internet, smartphones, tablets e redes sociais. São os nativos digitais em um mundo globalizado, permanentemente conectados. Estarão sempre, em qualquer lugar, usando fones de ouvido, se comunicando ou usando seus smartphones. Os jovens desse período não se adaptam às escolas que não atendem a seus interesses, podem trocar mais de uma vez de curso universitário (presenciei esse fato em minha casa), não irão tolerar permanecer em um mesmo emprego pelo resto da vida, buscarão trabalhar de casa, na modalidade home office, ganhando dinheiro com a internet, mídias digitais, publicidade etc. Estão entrando agora no mundo dos boletos e contas. Disputarão espaço com os Y, seus líderes mais próximos, sendo dirigidos pelos jurássicos X, que ainda não sabem que não se pausa jogo on-line.

As gerações X, Y e Z, que vemos em todo o mundo, também constituem a maioria da sociedade brasileira, influenciada pelas condições sociais, econômicas e tecnológicas e em seus muitos momentos. Temos que entender que nós, brasileiros, carregamos formas peculiares de perceber, sentir e agir que nos distinguem de outros grupos sociais nacionais e se manifestam em comportamentos individuais e coletivos no cotidiano, nas crenças, nos ritos, nas cerimônias, nas artes, nas leis e nos costumes, formando o conjunto de expressões que chamamos cultura[4]. Em termos de atitude, o brasileiro é considerado cordial, acolhedor e tolerante. Nossa história é marcada, de forma geral, por uma sociedade acostumada a aceitar e se submeter sem contestar. Conquistas de direitos não compõem marcos de transformações sociais, mas as concessões de um estado paternalista, sim. Contudo, desde a década de 1960 essa realidade sofreu algumas alterações que contribuíram para as mudanças nas estruturas formais e familiares de educação, a serem consideradas em minha análise.

O marco mais recente é o período compreendido entre o governo militar e a abertura política, que promoveu uma grande mudança comportamental, com consequências diretas para as gerações X e Y. As restrições impostas pelo governo militar resultaram em um movimento crescente de refutação por parte de alguns segmentos da sociedade, que passaram a se manifestar e reivindicar direitos e liberdades. Na oportunidade criada pelo legítimo movimento reivindicatório, grupos amparados por ideologias extremistas radicalizaram as ações, com o objetivo de substituir a ditadura de direita por uma de esquerda, gerando ainda mais restrições por parte do regime, bem como persegui-

---

4 O termo "cultura", neste livro, será usado da forma acadêmica, como também o será de forma restrita, para se referir às representações que caracterizam seu significado.

ções, crimes e patrulhamento das ideias, por parte de ambos os lados. Pensar e falar em liberdade de expressão era ser comunista; da mesma forma, pensar em tradição, disciplina e respeito às regras era ser capitalista burguês e apoiador da ditadura. Estava estabelecido, assim, o antagonismo entre "nós" e "eles".

Na abertura política, marco de nossa democracia, as ideias, leis e normas de convívio se adaptaram à nova realidade. O processo natural de adequação dos dois momentos, compreendido entre o antes e o depois, que deveria gerar uma reflexão profunda, acabou resultando em leis flexíveis, condescendentes e permissivas, bem como impregnou os discursos, as decisões e ações governamentais que refletiram nas gerações seguintes. O ânimo gerado pela nova condição desencadeou questionamentos e modificações nas normas de convívio no trabalho, na forma de educar os filhos e os alunos nas escolas. Cobrar, exigir, limitar, vigiar e até punir se tornaram resquícios do antigo estado repressor, e os defensores ou simpatizantes dessas formas de relação passaram a ser considerados reacionários e conservadores. Na minha avaliação faltou uma liderança capaz de trazer à razão os extasiados pela nova ordem, na busca do bom termo entre os extremos. Esse conjunto de fatos históricos contribuiu para o que nos tornamos.

A educação familiar e escolar

> *Responda para si mesmo estas perguntas: Você, na escola, estudava para aprender ou para passar de ano? Em casa, você realizava tarefas domésticas, ou só tinha que estudar? O quanto você acha que a educação familiar e escolar o preparou ou está preparando para os desafios do mundo?*

Para entender o que nos tornamos como adultos, precisamos avaliar nossa trajetória social pelas estruturas e processos que possuem essa responsabilidade: educação familiar, educação escolar e educação profissional. Se esta última nos qualifica tecnicamente, por meio da aprendizagem de um conjunto de conhecimentos e habilidades específicos, o nosso comportamento dependerá da forma como interagimos com os outros e desempenhamos nossos papéis sociais. Os valores e princípios morais, que orientam nossas relações e nos preparam para sermos cidadãos éticos, nos são apresentados na primeira e mais importante instituição de qualquer sociedade — a família.

Não podemos desconsiderar o papel da segunda instituição, em importância, e seu papel na consolidação dos princípios que aprendemos em família. Nela também adquirimos conhecimentos elementares para nossa jornada: a escola. As duas têm funções sociais fundamentais e especiais, que se complementam para nos preparar para a vida em sociedade. Tudo o que aprendemos nessas duas instituições acaba refletindo na coletividade. Se algo não vai bem na sociedade por algum motivo, é na família e, posteriormente, na escola que vamos encontrar a causa. Por isso, qualquer estratégia de domínio de algum grupo social, em maior ou menor escala, passa necessariamente pela alteração dos princípios morais para a implantação de outros, o que torna a família e a escola alvos de ataques sistemáticos, até a sua submissão ou extinção. A história é testemunha.

A partir dessas premissas, temos que retroceder até a geração do pós-guerra, que buscava uma vida segura e estável e acreditava na escola como rito de passagem. Nela, que era compreendida como uma extensão do lar, se depositava a responsabilidade pela educação dos filhos. Os educadores eram autoridades, o título "professor" precedia o nome e o tratamento para com eles era senhor ou senhora. A cobrança em casa se resumia a uma pergunta: "Passou de ano?" Se a reposta fosse positiva, a frase aditiva: "Não fez mais que a obrigação." Esse modelo foi empregado pela geração X até a chegada dos novos métodos de educação dos filhos, coincidindo com o fim da ditadura no Brasil.

A partir desse importante momento, estabelecer regras, exigir, fiscalizar e punir os filhos pelas violações cometidas passava a ser retrógrado e autoritário. O argumento do novo método era relevante, pois o modelo opressor de cobrança, dos anos anteriores, desenvolveria filhos desajustados e estressados que reproduziriam, na fase adulta, essa forma de pensar e agir na sociedade, aumentando a tensão nas relações e gerando mais violência. O momento constituía o novo espaço do diálogo, e os limites seriam ajustados entre as partes, mas sem direito a qualquer tipo de sanção. Contudo, essa questão coincidiu com a necessidade dos pais terem que enfrentar as crises econômicas dos anos 1980, quando boa parte das mães se lançou no mercado de trabalho, para complementar a renda familiar. Então, na ausência do pai e da mãe, quem seria o protagonista desse modelo inovador?

Na falta de avós, as creches e escolas se estabeleceram como os protagonistas. Escolas que, de uma hora para a outra, tiveram que se ajustar à nova realidade e às novas demandas. Os pais, que não queriam se transformar em tiranos durante os poucos momentos familiares de que dispunham, restritos às noites e aos fins de semana, passaram a compensar sua ausência com presentes, mimos e condescendências com as malcriações dos filhos sem limites, mas também sem diálogo. Esse modelo produziu, de forma geral, uma horda de jovens que não respeitavam os tolerantes pais e os professores, jovens que perderam a noção do valor da escola e o respeito pelo outro. A despeito desses comportamentos antissociais, os pais continuavam achando que era coisa de jovem, não reconhecendo que a atitude de seus filhos era a materialização de seu fracasso como educadores, ou culpavam as escolas que não cumpriam sua função social.

De uma forma geral, todas as gerações (X, Y e Z) passaram pela educação escolar em instituições de ensino, públicas ou particulares, organizações que têm como objetivo contribuir para o desenvolvimento cognitivo e psicossocial dos seus alunos. Seus projetos político-pedagógicos definem e organizam as atividades e ações educativas necessárias ao processo de ensino e aprendizagem, mas também consideram a escola um espaço de formação de cidadãos conscientes, responsáveis e críticos, que atuarão individual e coletivamente na sociedade, modificando os rumos que ela vai seguir. É por isso que seguem as orientações da Lei de Diretrizes e Base da Educação[5]. Bom, pelo menos é a isso que esses planos, geralmente, se propõem!

Agora vamos tentar avaliar, comparativamente, a qualidade do ensino público do país. A Organização para a Cooperação e Desenvolvimento Econômico (OCDE), publica o ranking mundial de qualidade de educação, baseado nos resultados do Programa Internacional de Avaliação de Estudantes — Pisa. Na última edição, de dezembro de 2016, entre os setenta países, o Brasil ocupou a 63ª posição, na média das três áreas avaliadas, ficando abaixo da média geral dos resultados. A principal finalidade desse programa, aplicado pelo Instituto de Estudos e Pesquisas Educacionais Anísio Teixeira (Inep) órgão do Ministério da Educação, é produzir indicadores dos sistemas educacionais pelo resultado da avaliação de alunos na faixa dos 15 anos, idade em que se pressupõe o término da escolaridade básica obrigatória na maioria dos países. O conhecimento e as habilidades dos estudantes, para atender a suas necessidades no mundo atual e levá-los a uma participação efetiva na sociedade, são aferidos por sua capacidade de reflexão, compreensão

---

5 Para saber mais, consultar: <http://www.planalto.gov.br/ccivil_03/Leis/L9394.htm>.

e formas de uso do que aprenderam nos campos da leitura (59ª posição), matemática (66ª) e ciências (63ª)[6].

Diante da posição da educação brasileira no ranking do Pisa, e analisando a que o programa se propõe, podemos concluir que a situação da educação em nosso país não está indo bem, ou melhor, é gravíssima. O que se verifica, na análise de especialistas, é um sistema educacional que não atende às necessidades de uma realidade global e local, constituído por um conjunto de disciplinas que não interagem entre si, que não consideram regionalidades e, muito menos, os interesses e aptidões individuais dos alunos, contrariando o recomendado pelo próprio programa. Na verdade, essa situação evidencia um traço cultural de nossa sociedade, o formalismo, que é a distância entre o ideal prescrito nas normas e planos, e a realidade verificada. Somos excepcionais nos discursos, mas ineptos nas práticas.

Para entendermos melhor, o ensino brasileiro determina um conjunto de matérias e temas a serem ministrados progressivamente, ao longo de períodos letivos, em que o conteúdo relacionado deverá ser avaliado por meio de provas de retenção de conhecimento. Um padrão mínimo de aproveitamento, em torno de 50% a 70% na maioria das escolas, permite que os alunos avancem aos níveis seguintes, a despeito dos motivos que os impediram de chegar aos 100% de conhecimento retido. De modo geral, não há uma metodologia de avaliação qualitativa do erro, o que permitiria aprender com ele. Assim, o que poderia ser desenvolvido nas escolas como método de permanente desenvolvimento, *grosso modo*, é desvalorizado ou ignorado.

Na verdade, o principal tema educacional brasileiro da atualidade é introduzir o assunto da ideologia de gênero no programa escolar oficial. Discutida de forma vigorosa como se fosse a panaceia

---

6 Para saber mais, consultar: <http://inep.gov.br/pisa>.

dos males da educação nacional, dissimulada como socialmente relevante, a despeito de toda a polêmica biológica e social e da própria opinião dos pais, os ditos formadores de opinião buscam estabelecer um discurso político hegemônico, pela massiva repetição da ideia, para estabelecer condutas politicamente corretas. Somos, realmente, um povo sem noção de prioridade, que insiste em criar problemas em um campo onde não existem, possivelmente para ignorar ou não solucionar os que já existem e que de fato importam, como se já não fossem tantos. Algo como se preocupar com a roupa que se vestirá no jantar, sem ter comida para comer.

Voltemos à pergunta inicial, que trata, na verdade, da adoção de uma estratégia de vida: "Você estudava para aprender ou para passar de ano?" Essa é a questão que apresentei para pessoas que assistiram minhas apresentações ao longo dos últimos anos, em todas as regiões do país, e a resposta natural da esmagadora maioria foi "para passar de ano", o que me permitiu concluir que se trata de um hábito perpassado de uma geração à outra. Bem, se você estudou para passar, estabeleceu como objetivo alcançar o nível mínimo necessário para avançar para as séries seguintes, limitando seu esforço ao suficiente para obter um resultado médio, ou que esteja na média, determinando, assim, um desempenho que podemos chamar de mediano, ou seja, medíocre. Tudo indica que os métodos pedagógicos aplicados no ensino fundamental, base para o ensino médio e o superior, não privilegiavam e não estimulavam a busca contínua de um melhor desempenho. O contrário poderia ter desenvolvido um hábito permanente para a busca por melhores resultados, mudando de forma significativa a conduta identificada.

Se você respondeu ter estudado para aprender, estabeleceu uma estratégia que não aceita limites. Qual o limite para aprender? O mais interessante, passar é consequência natural de quem aprende, pois mesmo que você não tenha obtido o resultado máximo, sabe que se empenhou, que obteve o seu melhor e que aprendeu com ele. Não se conformando, buscou, continuamente, superar seus próprios resultados, reconheceu que você mesmo é seu principal adversário, e que vence toda vez que consegue fazer melhor do que fez antes, provocando, assim, uma ruptura com a cultura da mediocridade. Contudo, por apresentar uma atitude diferente, atraiu para si boa parte da atenção dos demais, principalmente a massa bagunceira e medíocre.

Não são poucos os casos de discriminação dos alunos que ficam acima da margem mediana de avaliação, em razão de terem "perdido" seu tempo fazendo seus deveres de casa, por terem prestado atenção às aulas, por possuírem um talento individual ou mesmo pela atuação mais efetiva dos pais. Eles são qualificados com os mais significativos apelidos e vitimados pelas mais cruéis brincadeiras, acabando por serem apartados do convívio de boa parte da turma. Ter bons resultados parece, ainda, um atentado contra os demais que não se esforçaram para obtê-los, situação muito mais comum na geração X e em menor escala na Y e Z, pois estes últimos tomaram referências de desempenho de outros países, e não do Brasil, em razão da globalização e do acesso ao mundo da internet. Da mesma forma que os nerds e geeks, alunos que não se enquadravam no "padrão" físico, emocional e social da maioria, sofrem ações discriminatórias.

Não podemos desconsiderar a grande importância da escola para o desenvolvimento de hábitos que preparem os alunos para a vida em sociedade, da mesma forma, no seu valioso papel na consolidação dos valores que foram aprendidos no ambiente familiar. Exemplo lamentável é a prática recorrente de tratar pequenas transgressões, inicialmente consideradas como coisas de jovens ou de crianças, ignorando-as ou admoestando-as até que se transformem em grandes transgressões. Não menos grave é o costume da reformulação das regras de conduta e de desempenho para facilitar a vida estudantil, mesmo as mais inocentes e não protocolares, como a prática usual e perniciosa utilizada pelo aluno quando não atinge o resultado mínimo: o pedir um "pontinho" ao professor.

A tática de pedir o "pontinho" nada mais é do que a aplicação de uma forma de "jeitinho brasileiro", que lamentavelmente começa na escola, sendo estimulada pelo meio estudantil e até pelo familiar. Lutar por um ponto não concedido por erro na avaliação é mais que direito, é dever do aluno. Pedir e conseguir algo que não fez por merecer criará, inevitavelmente, o hábito de esperar que alguém sempre o favoreça, como os pais que atendem aos apelos incansáveis dos filhos sem nenhuma contrapartida, o empregado que espera que o patrão releve seus erros ou lhe conceda benefícios sem ter mérito para isso, ou os cidadãos que esperam que o governo paternalista supra suas necessidades financeiras de forma assistencialista em vez de exigir seus direitos pela criação de oportunidades de trabalho pela melhoria continuada das condições de educação, saúde e segurança.

Desde as primeiras séries escolares, os alunos não são preparados ou estimulados progressivamente para superar seus próprios limites, liderar, trabalhar em equipe e respeitar regras. Maior prova sobre a falta de estratégias para o estímulo ao trabalho em equipe encontra-se no resultado de uma pesquisa do Pisa realizada em 2017, que avaliou a capacidade colaborativa dos estudantes para a solução de problemas, na qual o Brasil ficou na 51ª posição entre 52 países.

A melhor e mais próxima experiência de trabalho em equipe, disciplina, liderança e competitividade de que a maioria das pessoas se lembra ocorreu nas atividades desportivas. Nos diversos jogos disputados, durante as aulas de educação física ou nos intervalos de recreio, os alunos entram em contato com as regras, com a noção de desempenho de funções e o desenvolvimento da vontade de vencer. Nessas oportunidades, a habilidade individual e coletiva passa a fazer sentido e diferença para ganhar ou perder. Nessas atividades surgem os ícones e modelos a serem seguidos, o bom desportista e o craque, bem como os que devem ser rejeitados, os últimos a serem escolhidos para os times, os pernas de pau — meu caso.

Lembro-me do ano em que começaram os trabalhos em grupo na escola. Foi em 1970, eu estava na antiga quarta série e estudava na Escola Municipal Cinco de Julho, no bairro de Cascadura, Zona Norte do Rio de Janeiro. Aprendi que partia na frente quem escolhesse mais rápido os integrantes do grupo para o trabalho escolar. Sempre tomava a iniciativa e escolhia como primeiro integrante o Mário Sérgio, que era o menor aluno da sala, o mais magro, negro, usava óculos, um perna de pau no futebol, mas também o mais inteligente; na verdade, ele faria o trabalho. Em seguida escolhia o Carlão, o maior, o mais velho, por ter sido reprovado dois anos seguidos, craque no futebol, mas era o filho dos donos da padaria local e morava na melhor casa do bairro — o local onde seria feito o trabalho. Na casa do Carlão tinha algo fundamental para o trabalho: o café da manhã e o almoço feitos pela mãe dele, dona Glória, e uma mesa oficial de jogo de botão. Os demais membros seriam escolhidos pela habilidade no jogo de mesa, já que o trabalho seria feito pelo Mário Sérgio. Era sempre um sábado maravilhoso, boa comida, campeonato de alto nível e o brilhantismo do Mário Sérgio, que garantiria uma nota dez. Aprendemos, desde cedo, a esperar que alguém cumpra nossas obrigações, e foi assim até a sétima série, quando surgiu a opção do trabalho individual. O Mário Sergio escolheu não trabalhar mais em grupo, e nós tivemos que aprender a realizar as tarefas, recebendo algumas notas ruins por um tempo. Resolvemos o problema da exploração do trabalho alheio, pela falta da capacidade de atuar em equipe, tornando-nos individualistas.

Todavia, o mundo passa a ter outro sentido no momento em que temos que enfrentar a competição por uma vaga no mercado de trabalho, participando de um processo seletivo, ou para a universidade, através do vestibular ou do Exame Nacional do Ensino Médio (Enem). Nesse momento, em que nos tornamos nosso próprio e pior adversário, constatamos o quanto a maioria das escolas não nos preparou para a "pressão" de obter um bom resultado em razão do estresse e da extrema ansiedade, naturais aos despreparados para o desafio, tanto pelo aspecto psicológico quanto pelo intelectual. Em razão do nível da qualidade de ensino no Brasil, apresentado nos últimos anos pelos diversos indicadores de desempenho, ainda viveremos por muito tempo pautados pela mediocridade.

Felizmente, muitos se salvaram desse modelo educacional permissivo, adotado e defendido por tantos no Brasil. Boa parte dos jovens desta nova geração Y se destaca em relação àqueles que passaram a fazer parte das novidades da vizinhança. Podemos imputar o fenômeno à qualidade das escolas que frequentaram, de seus professores, que se tornaram suas referências, a seus pais, mais conscientes e presentes, ou mesmo à autocrítica dos próprios jovens, que souberam aproveitar as oportunidades e buscaram se adequar à nova realidade, tornando-se mais críticos, exigentes com seus direitos e cientes de seus deveres. Mesmo assim, o ambiente em geral ainda não favorece ou estimula o empreendedorismo, a liderança e a competitividade, por não constituir uma política pública ou forma de reação aos péssimos indicadores que comentamos.

Reflexão

Pensemos, agora, nas estruturas a que fomos submetidos, independentemente da classe social ou do grau de oportunidade a que tivemos acesso ao logo de nossa vida, mas reconhecendo o quanto os ambientes escolar e familiar contribuíram para o que nos tornamos como cidadãos, pela adoção de valores e princípios morais, aquisição de conhecimento e desenvolvimento de habilidades. Revelamos o que nos tornamos pelas nossas repostas comportamentais diante de demandas ou problemas que enfrentamos, que colocam nossas qualidades em ação, principalmente nas situações extraordinárias, que passam a exigir mais do que já fizemos ou entregamos como resultado. Nessas circunstâncias específicas de dificuldade, onde somos colocados à prova, poderemos avaliar se estamos preparados ou não para enfrentar desafios, superar limites e abrir mão do conforto que tanto valorizamos para conseguir o melhor desempenho.

Nas palestras que ministrei enquanto estruturava os primeiros esboços deste livro, realizei enquetes para confirmar ou refutar as hipóteses que apresentei. Elas foram oportunamente realizadas no Sul do país (Curitiba, Joinville, Jaraguá do Sul, Porto Alegre e Torres), no Sudeste (São Paulo, Campinas e Rio de Janeiro), Nordeste (Salvador, Recife e Fortaleza), Norte (Manaus e Belém) e Centro-Oeste (Brasília, Goiânia, Campo Grande e Cuiabá) para um público aproximado de 12 mil pessoas em 24 eventos, de vários segmentos de negócios e universidades. Para a plateia eu fazia as mesmas perguntas e pedia que as pessoas se manifestassem levantando o braço: Quem estudou em uma escola onde foi estimulado a melhorar continuamente as notas nas provas regulares? Quem estudou em uma escola onde foi estimulado a trabalhar em equipe e a liderar? Quem estudou em uma escola onde foi estimulado a ser um empreendedor? Quem teve o resultado escolar acompanhado pelos pais e foi estimulado por eles a melhorar as notas? Quem foi estimulado pelos pais a ser um empreendedor ou um líder? Vocês estudavam para aprender ou para passar de ano?

As respostas foram positivas para 5 a 20% dos espectadores em cada região do país. A maioria não se manifestava, dizendo um silencioso e eloquente "não" para as perguntas. Minha resposta também seria negativa para todas. Concluí, de forma um tanto óbvia, que somos carentes de estruturas formais e familiares de educação que nos preparem para sermos competitivos, empreendedores e líderes. Ressalvado o trabalho hercúleo de entidades que se dedicam ao empreendedorismo brasileiro, e de algumas instituições escolares particulares — e, quando públicas, pelo trabalho de abnegados educadores, que tentam suprir essa deficiência na estrutura formal de ensino. A conclusão nos leva a uma reflexão sobre os motivos dessa ausência e suas consequências na competitividade do brasileiro e do Brasil.

Tomando como exemplo os países chamados Tigres Asiáticos, podemos entender a importância dos parâmetros que estabeleci acima. Cingapura, Hong Kong e Coreia do Sul figuram como referências em competitividade e inovação. Esses países, ao identificarem a necessidade de se reestruturarem diante das graves condições sociais que experimentavam nos anos 1980, promoveram ao longo de décadas uma transformação que se iniciou pela educação nas escolas, construiu uma cultura voltada para o mérito e direcionou investimentos para desenvolver uma infraestrutura empresarial e industrial produtiva. Hoje, ocupam posições de destaque no ranking global de competividade e lideram o de educação do Pisa.

Se considerarmos competitividade, empreendedorismo e liderança como qualidades essenciais para qualquer sociedade que pretenda se desenvolver, que motivos os impediriam de estar na pauta das práticas institucionais e governamentais brasileiras além dos discursos diversionistas e demagógicos? Essa ausência fortalece a crença de que, no Brasil, a evolução e as conquistas do outro sejam atribuídas às facilidades e benefícios concedidos por "padrinhos", à utilização de meios ilícitos ou à sorte, mas nunca aos méritos individuais. Liderar é querer aparecer; fazer o que é certo significa falta de coragem para contrariar as regras ou pendor para "puxar o saco" de alguém; ousadia é sandice de quem não tem nada para fazer; e buscar melhores resultados significa fortalecer a burguesia capitalista. Somos pautados, assim, pela mediocridade.

A quem poderia interessar manter uma massa ignorante, controlável e necessitada dos benefícios de um tutor? Por que manter estruturas escolares precárias que não cumprem sua função social de formar cidadãos conscientes e críticos, que sejam capazes de contribuir para o desenvolvimento da sociedade? Qual o motivo de manter a função de professor enfraquecida pela falta de investimento em formação e melhores salários? Por que preservar uma estrutura social que inibe ou não estimula o desenvolvimento de lideranças? Por que desvalorizar a conquista pelo trabalho e pelo mérito concedendo benefícios sem nenhuma contrapartida do beneficiado, exceto sua fidelidade? Que sociedade poderia sobreviver nessas condições e por quanto tempo? Se o objetivo fosse destruí-la, não haveria estratégia mais inteligente. Contudo, se este não for o objetivo, podemos supor ser incompetência ou má intenção para prover interesses inconfessáveis.

Não quero fazer apologia de modelos certos ou errados, tampouco sugerir que competitividade seria a solução de todos os nossos problemas, mas acredito firmemente que, se pensarmos, sentirmos e agirmos da mesma forma, pautados pela média e não pelo melhor, seremos conduzidos inevitavelmente a resultados medíocres. Reconhecemos que não somos preparados para sermos líderes, competitivos, empreendedores e para trabalhar em equipe, e, quando alguém é identificado fora dessa curva, uma barreira psicológica é criada por nós mesmos ou por patrulheiros das virtudes utópicas para preservação da mediocridade. O resultado desse ambiente se traduz na forma como explicamos o sucesso alheio: para ser assim deve ser geneticamente modificado; deve ter sido treinado desde criança; foi oprimido por pais que cobravam resultados nos estudos; nasceu em berço de ouro; deve conhecer alguém importante.

Porém, ao chegarmos ao mercado de trabalho, sentimos falta de uma formação escolar e familiar que nos tivesse preparado melhor para aquele ambiente. Não em relação ao conhecimento ou à habilidade para o exercício da tarefa, mas pela atitude necessária para enfrentar um mundo que se estabelece pela constante necessidade de superação de limites, onde fazer o melhor resulta em reconhecimento, o trabalho em equipe é estimulado e valorizado, e ninguém dá nada a ninguém que não o fez por merecer. O choque entre duas realidades pode resultar em estresse, depressão e colapsos.

Nesse momento muitos fogem do trabalho, procurando outros menos exigentes e adequados aos seus limites. Mas alguns decidem lutar, buscando se superar, e conquistam seu lugar pelo reconhecimento de seu resultado e esforço em liderar pessoas pelos seus exemplos. São também repetidamente exigidos, pois são criadas expectativas sobre sua capacidade que é testada e pressionada continuamente, principalmente nos momentos de crise, quando os liderados aguardam a decisão do líder.

As duas decisões, lutar ou fugir, nos qualificam de alguma forma, mas decidir lutar para vencer é a característica daqueles que integram o que podemos chamar "tropa de elite". Fica então a pergunta: O que leva algumas pessoas a romper com toda a estrutura limitante a que fomos submetidos? Qual sentimento tem a capacidade de gerar o nosso ponto de inflexão para nossa transformação?

MISSÃO

*Ao ouvir a palavra "missão", o que vem à sua mente?
E a palavra "trabalho"? Como você se refere àquilo
a que se dedica: como trabalho ou como missão?*

Para ajudar você a responder às perguntas acima, eu gostaria, primeiramente, de promover uma reflexão sobre o significado simbólico e material que atribuímos a este substantivo comum, abstrato e singular: trabalho. Acredito que o motivo de essa palavra nos afetar emocionalmente deve-se ao fato de constar dos primeiros registros das religiões monoteístas, o Velho Testamento, e, por conseguinte, fazer parte de nossa formação moral e religiosa. No Primeiro Livro de Moisés, Gênesis, os autores do pecado original foram castigados com a expulsão do paraíso. Adão e Eva perderam o benefício da felicidade de viver no Éden, sem terem muito o que fazer, em razão da desobediência às normas de Deus. Como penas acessórias, o casal passou a ter que sobreviver do que extraísse da terra, para seu sustento, por meio do "suor do trabalho", e a mulher passou a ter que suportar a dor do "trabalho de parto".

Comparando os benefícios, antes recebidos com a simples contrapartida de obediência e lealdade, o castigo imposto ao casal primordial estabeleceu a nova forma de sobrevivência da humanidade que se iniciava, pelo próprio esforço para obter o alimento, cultivando a terra, e sua perpetuação, pela reprodução. Então, já percebeu o quanto o sentido bíblico de castigo ainda nos aflige? Para testar essa premissa, quero lembrar o que geralmente escutamos de alguém que declara que tem o sonho de ganhar muito dinheiro e, inevitavelmente, perguntamos: "Para quê?" Normalmente ouvimos a resposta: "Para parar de trabalhar e aproveitar a vida." Bem, não identificamos nenhum pecado nessa pretensão, desde que o recurso seja obtido de forma honesta e sem prejudicar pessoas, todavia podemos entender que parar de trabalhar e aproveitar a vida se trata de uma tentativa de voltar ao paraíso ainda em vida, com a convicção do término do "castigo" de ter que trabalhar.

Seguindo ainda o próprio registro bíblico, o trabalho surge de outra forma e anteriormente ao sentido de castigo imposto aos pecadores. Ele é revelado como a "obra" de Deus: a criação. A obra é a manifestação da vontade do Criador, tendo durado seis dias ininterruptos até seu término, tomando o sétimo dia para descanso. Podemos, então, concluir que existe uma origem divina do trabalho quando a "vontade" expressa o "querer" para realizar a tarefa, gerando a capacidade ou o poder para executá-la, terminando no "fazer": Faça-se luz. Diante do paradoxo entre tomar o trabalho como castigo imposto, em razão do pecado, ou como virtude de nossa vontade, cabe a cada um de nós perceber como nos relacionamos com o que fazemos, ou o que nos motiva a fazer, transformando o substantivo em verbo.

Saindo agora da questão religiosa e pensando no trabalho como qualquer atividade realizada por alguém para atingir um objetivo, podemos encontrar um vasto conjunto de significados nos dicionários. A origem etimológica da palavra remonta ao termo latino *tripalium* — estrutura de três madeiros —, usado para designar uma ferramenta agrícola na qual se pendurava e sovava a colheita para separar os grãos da planta, e que exigia muito esforço — trabalho — do agricultor. O termo também é empregado para denominar um aparelho de tortura no qual eram supliciados os desobedientes, aqueles que não pagavam seus impostos ou os que não realizavam suas tarefas, sendo pendurados e também sovados — trabalhados. Na verdade, o aparelho era o mesmo, distinguindo-se pela sua aplicação. Se o significante da palavra "trabalho" se refere a uma ferramenta agrícola ou de tortura, o significado que lhes atribuímos direciona o que ela é capaz de provocar em cada um de nós, ou seja, dor pelo esforço físico necessário à realização da tarefa ou sofrimento pela submissão a algum tipo de aflição.

Esse entendimento influenciou a forma como o trabalho é identificado ao longo de nossa história. Os monarcas, aristocratas, donos de terras e de bens usufruíam de seu tempo com prazeres e outros fins mais nobres, mas nunca com o trabalho, pois tinham quem o fizesse. Desde a antiguidade até muito recentemente, servos ou escravos deviam sua existência ao trabalho, pois se tratava de castigo por terem nascido sem direitos, bens ou por estes lhes terem sido tomados. Um marco de transformação do entendimento original do termo surgiu com a Reforma Protestante, na qual o trabalho aparece como base e a chave da vida, com ênfase na ideia de que a fé deve ser vigorada pelo esforço pessoal e pela dedicação, resultando em uma nova ética[1]. Religiosos insurretos e pensadores passaram a se posicionar de forma diferente ao que a igreja católica apostólica romana pregava, e atribuíram ao trabalho um novo sentido, que evoluiu até os dias de hoje, ou seja, a aplicação de for-

---

[1] Para melhor reflexão, sugiro a leitura de: WEBER, Max. *A ética protestante e o "espírito" do capitalismo*. São Paulo: Companhia das Letras, 2004.

ça e habilidades para a produção de um bem ou serviço com a finalidade de atender às necessidades das pessoas, contribuindo para o desenvolvimento e a sobrevivência da comunidade e da própria humanidade, em maior escala.

Desde a Revolução Industrial, as relações entre os donos dos meios de produção e a classe operária foram impactadas pela conscientização e mobilização da força de trabalho. A necessidade de organização e reivindicação por tratamento digno e adequação das estruturas em que atuavam permitiram a evolução das relações. Dessa forma, as organizações passaram de uma relação exploradora parasitária para um estado de convivência simbionte, em que todos são beneficiados, chegando, assim, progressivamente, ao ponto onde nos encontramos hoje. Modelos dessa relação surgem e são ultrapassados por outros, mas, em cada época, foram responsáveis por inspirar pessoas e instituições para a continuidade da evolução da sociedade. A resultante natural foi o aumento da importância das pessoas e sua maior participação nos processos sociais.

O significado material do trabalho referencia o meio pelo qual a humanidade vem se organizando e evoluindo como sociedade. O entendimento do valor e da importância do papel social de cada indivíduo trabalhador, em qualquer nível, contribuiu para o surgimento e desenvolvimento das noções de Estado de Direito e de Bem-Estar Social. Movimentos históricos foram e são responsáveis por transformações sociais e políticas, por meio do fortalecimento de direitos e garantias inerentes a vida, liberdade, propriedade privada, igualdade de oportunidades e de tratamento perante a lei. A constante ampliação da noção de cidadania, pela permanente e incansável busca da diminuição das desigualdades sociais e pela compreensão de que somos todos portadores de direitos e deveres, gerou a maior participação das pessoas nos processos de decisões públicas e se tornou determinante para o surgimento de sociedades mais justas e democráticas.

Somos, hoje, como sociedade, a resultante de ajustes sociais progressivos, gerados por conflitos e entendimentos entre as diversas categorias sociais. Distantes de qualquer impossibilidade de perenidade de modelos, em razão das sempre novas demandas geradoras de mudanças, as instituições e organizações constataram, ao longo da história, que não poderiam mais funcionar nos hiatos existentes entre o que se quer, o que se deve, o que se pode fazer e o que é realmente realizado.

Uma sociedade mais consciente, portanto mais qualificada, compreende a importância do melhor atendimento das necessidades das pessoas, modificando as estratégias arrogantes e impositivas e as exigências abusivas para a melhoria das relações entre os diversos atores e da qualidade do serviço ou bem produzido, beneficiando os usuários ou consumidores, os próprios trabalhadores das organizações, os investidores e a comunidade em como um todo. Esse processo histórico, que não tem fim, nos mostra que a materialização das relações em regras jurídicas e de procedimentos internos é inspirada, necessariamente, no conjunto de valores, princípios e costumes estabelecidos pela sociedade, no que a filosofia denomina moral objetiva[2].

Valores e missão

Qual a relação que, na sua opinião, existe entre valores e missão? Qual a relação entre propósito e missão? Quais são os valores que você acredita serem essenciais para sua vida? Qual o seu propósito de vida e qual a sua missão?

---

2 Para saber mais, sugiro a leitura de: KANT, Immanuel. *Vida e obra*. São Paulo: Nova Cultural, 2005 (Col. Os Pensadores). HEGEL, G. W. Friedrich. *Vida e obra*. São Paulo: Nova Cultural, 2005 (Col. Os Pensadores).

Da necessidade de estabelecer um melhor relacionamento com seu público, objetivando explicitar seus princípios e intenções, as organizações passaram a declarar, publicamente, sua identidade. Trata-se do conjunto formado por visão, missão e valores organizacionais, que encontramos nos sites da internet, bem como em cartazes e banners fixados nas paredes das instalações, e nas diversas publicações institucionais. A declaração pública sobre a finalidade, as responsabilidades corporativas e sociais, e a forma como as relações internas e externas são conduzidas pela organização consolidam o compromisso e os parâmetros éticos de relacionamento com os clientes, colaboradores, fornecedores, governo e sociedade em geral, permitindo o acompanhamento e a avaliação por parte de todos os envolvidos, com a consequente construção de sua credibilidade. Dessa forma, a organização acaba por determinar seu propósito, seu próprio perfil e, por extensão, o perfil das pessoas que a integram. Neste ponto eu gostaria de enfatizar o que venho constatando ao longo do tempo em que atuo na atividade de palestras e consultoria e de promover uma relação com as características de equipes de alto desempenho — as tropas de elite.

Pensemos nas organizações públicas ou privadas, familiares ou de mercado, identificando-as não só pelo que produzem e pelos serviços que prestam, mas, principalmente, pelo perfil identitário declarado. Ao nos depararmos com integrantes de empresas que atuam em um segmento de negócio extremamente competitivo, criamos a expectativa de encontrar caraterísticas pessoais, alinhadas com a exigência daquele ambiente. Por outro lado, em segmentos de negócios com atividades menos exigentes em termos de resultados quantitativos ou qualitativos, esperamos encontrar perfis mais moderados ou acomodados, semelhantes ao que presenciamos na maior parte dos órgãos da administração pública em nosso país. Da mesma forma, independentemente do segmento de negócios, confiamos que os valores institucionais declarados devam ser encontrados no comportamento dos colaboradores, por se tratar do padrão ético organizacional. Neste exato momento, após a leitura deste parágrafo, você deve estar buscando a mesma relação com a organização em que trabalha, com as que conhece, aquelas de quem adquire produtos ou contrata serviços. Agora você está pensando naquelas que não fazem sua declaração de identidade, ou que você ainda não buscou conhecer. Assim, você não sabe o que esperar delas, de seus integrantes ou o que eles esperam de você. Interessante, não é?

Tenho verificado algumas circunstâncias recorrentes e que, por isso, chamam minha atenção. Uma delas diz respeito à confusão entre o conceito de propósito e o de missão. Enquanto o primeiro se refere à razão de existência da organização e perpassa pelos seus ciclos estratégicos, o segundo se limita ao ciclo vigente, determinando suas prioridades e como elas serão atendidas. Outra situação tem relação entre o que é prescrito na declaração de identidade das organizações e o que fui capaz de descrever nos encontros que realizei com as diversas empresas para as quais prestei serviços. Para melhor entendimento, devo explicar que utilizo um método de análise institucional das empresas com as quais trabalho, iniciado após os primeiros contatos com a organização que mostra interesse no meu serviço. Realizo uma pesquisa sobre sua história, identificando como sua missão, visão e valores foram definidos e como se relacionam com seu propósito. Posteriormente, nas reuniões presenciais com seus dirigentes, em geral de nível estratégico e algumas vezes com o tático, procuro identificar nas atitudes e nos discursos dos interlocutores a consonância com os atributos institucionais que identifiquei na pesquisa. Durante a finalização das atividades, muitas vezes com o nível operacional, tenho a oportunidade de fechar o ciclo de avaliação, que me permite estabelecer algumas premissas para conduzir minha atividade.

Esse método me possibilitou desenvolver a convicção de que a convergência ou divergência das expectativas e atitudes pessoais com os atributos institucionais declarados tem o potencial de definir a qualidade do resultado das práticas organizacionais. Essa certeza se consolidava pelos fatos, pois, quando eu identificava a afinidade entre os discursos dos integrantes da empresa, em todos os níveis, com os elementos da identidade de sua organização, o sucesso era limitado pelo nível de qualidade da gestão dos processos e da ousadia dos objetivos, estabelecidos no planejamento estratégico para certo período. Algo semelhante a um país onde a lei, as normas e os planos de governo são entendidos e cumpridos por suas instituições e pelos cidadãos. Ao contrário, quando a declaração de identidade representava mero formalismo burocrático, por não ser percebida no discurso e nas atitudes das pessoas da equipe, por melhor que fossem o plano e a capacidade dos integrantes, havia uma grande dificuldade na execução da missão ou uma extrema limitação do alcance dos resultados pretendidos. Devo ressaltar que, mesmo neste último caso, algumas equipes ou integrantes delas apresentavam excelente desempenho, levando-me a concluir que características pessoais podem fazer a diferença.

Em razão da linha de raciocínio que apresentei no parágrafo anterior, confirmou-se minha crença sobre a alta performance, segundo a qual a afinidade entre os atributos pessoais e os institucionais é um dos pontos fundamentais a serem considerados. Para entender esse argumento, precisamos analisar as organizações a partir de sua evolução histórica e da relação com seu público, das estruturas internas de cargos, da maneira como escolhem seus ocupantes, como a liderança é exercida e como o mérito é entendido, valorizado e recompensado. Na essência, estamos analisando pessoas e processos para entender como eles se relacionam entre si e com suas atividades, para que se obtenha o melhor desempenho de cada um, sem os abusos que ainda encontramos nas relações de trabalho. Podemos deduzir que essa relação pode variar de acordo com o segmento de negócio em que atuam, contudo, acredito que também se trata de princípios aplicáveis a qualquer organização, minimamente estruturada em valores, objetivos, metas e tarefas e, sobretudo, das pessoas que as compõem com a capacidade de fazer a diferença.

Proponho, então, uma questão importante para nossa reflexão: O que atrai pessoas para determinada atividade ou negócio, e que motivos as mantêm no exercício de um cargo ou função? Bem, podemos entender, inicialmente, que os motivos poderiam estar vinculados às condições de trabalho favoráveis, remuneração atraente, benefícios diferenciados e perspectiva de crescimento na carreira, condições que seriam extremamente relevantes para uma escolha. Existem, ainda, organizações que, atuando nos segmentos mais competitivos, utilizam a estratégia de premiação para o desempenho diferenciado, criando a oportunidade para os colaboradores serem recompensados pelo esforço e resultado, por meio da participação nos lucros obtidos, considerando o mérito individual ou da equipe que atingiu suas metas. Todos esses fatores são justos e têm a capacidade de estimular pessoas que não querem depender de vantagens sem merecimento, mas precisamos ir além das questões identificadas acima.

Para atender a esse propósito, retorno à reflexão sobre o significado material do "trabalho" para algo além das prescrições jurídicas e descrições organizacionais, ou seja, seu significado simbólico. Portanto, questiono: o que poderia motivar você e as demais pessoas a trabalharem? Qual o imperativo que o determina para o trabalho? Para você, qual o propósito do trabalho? Poderíamos obter, de pronto, as seguintes respostas: necessidade de sobrevivência — imperativo biológico; submissão à continuidade do castigo imposto ao homem, desde o paraíso até o Juízo Final — imperativo religioso; suprimento das necessidades de conforto e bem-estar pessoal e familiar — imperativo socioafetivo; temor das sanções previstas caso não sejam cumpridos os deveres do trabalhador — imperativo disciplinar; valorização daquilo que se faz — imperativo moral; realização ao fazer algo bem-feito — imperativo de autorrealização; e por aí vai. Essas respostas não contêm nada de errado. Verificamos que não violam nenhum princípio moral, o que seria antiético. Você pode não concordar com alguma delas, mas as respostas são motivadas por uma visão pessoal para a ação: motivação.

Quero estabelecer um ponto de inflexão, de que tratamos no primeiro capítulo, com uma pergunta: por que algumas pessoas e equipes possuem desempenho melhor do que outras, estando sujeitas às mesmas prescrições normativas e no mesmo ambiente de atividade? As respostas comuns são as prontas: melhor educação, talento, sorte, oportunidade diferenciada, bajulação, porque querem aparecer etc. Embora uma ou outra possa corresponder a fatos e condições de que alguns indivíduos se sirvam, em geral elas não são determinantes nem definitivas para responder à pergunta formulada. Tenho a convicção de que há algo além dessas condições; algo que se refere à forma peculiar pela qual nos relacionamos com o que fazemos. Quero dizer que se trata de uma forma pessoal de pensar, sentir e agir, que poderíamos denominar subjetiva, mas não no sentido pejorativo em que usamos esse termo no Brasil.

Se conseguirmos entender que somos, de uma forma geral, orientados pela moral objetiva, ao nos submetermos às normas e regras que estabelecem um modo de convivência ética em sociedade, devemos reconhecer que também somos influenciados por questões pessoais, idiossincráticas e peculiares, que constitui uma moral subjetiva[3]. Trata-se de nossa estrutura pessoal de valores, que não se contrapõe à da sociedade, mas que estabelece uma maneira diferenciada de nos relacionar com o que fazemos, e que acaba por nos distinguir. Exemplificando: você pode cumprir as regras de trânsito por medo da multa prevista, o que ocorre com a maioria das pessoas, mas o que impera no seu comportamento é acreditar que ela preserva vidas. Você pode cumprir seu horário de trabalho por uma imposição contratual, com a qual concordou, mas o faz por acreditar que seu trabalho é importante ou que sua equipe precisa de sua participação. Você conhece a missão de sua organização e a cumpre porque é um integrante dela, mas também pode reconhecer que há um objetivo alinhado ao seu. Então, o que realmente mobiliza sua vontade? A regra estabelecida ou seu propósito de vida?

Eu gostaria de tomar o Bope como exemplo e analisar o perfil e as qualidades exigidas para o exercício das atividades de operações especiais. Para esse exercício, o pretendente deverá se submeter a um processo de seleção no qual a regra é a do voluntarismo. Menos de 10% do total de voluntários que são, normalmente, aprovados nas quatro etapas eliminatórias participarão da fase seguinte, a de capacitação. O programa de treinamento possui o objetivo de desenvolver conhecimentos e habilidades específicas e, de tão rigoroso, mantém um índice de aproveitamento dos selecionados em menos de 40%. Estando qualificado, o pretendente deve requerer servir no Bope, onde o exercício das atividades o submeterá a condições de trabalho de alto risco, sem limite de horas nem tempo para descanso ou refeições. Concluindo, esse profissional deverá possuir atributos para enfrentar o pior em seu ramo de atividade, onde o risco de morte se aproxima das con-

---

3 Para saber mais, sugiro a leitura de: HEGEL, G. W. Friedrich. *Vida e obra*. São Paulo: Nova Cultural, 2005 (Col. Os Pensadores).

dições de guerras localizadas pelo mundo, o trabalho em equipe se torna algo fundamental para sua sobrevivência, e o "cliente" tentará tirar sua vida em todas as oportunidades.

Que motivos, então, seriam capazes de mobilizar pessoas para um tipo de atividade que exigiria conhecimento, habilidades, empenho e coragem em um nível muito acima daquele que a maioria das pessoas aceitaria?

Missão atrai missionário

Se um trabalhador é aquele que executa um trabalho, como podemos chamar aqueles que se dedicam ao que fazem como uma missão?

Viver em sociedade significa respeitar suas estruturas e normas, escolhidas coletivamente, como expressão da vontade de todos que dela participam. Cada integrante desempenha um papel social, que vitaliza e dá sentido à coletividade e que incorpora direitos e deveres limitados ao que pode ser devido a ou exigido de todos, não podendo haver privilégios para uns em detrimento de outros. Não identifico, contudo, nenhuma estrutura ou regra formal que limite aquilo que pode ser ofertado voluntariamente por um indivíduo, como sua determinação e coragem. Quero dizer que algumas pessoas possuem uma conduta peculiar, fora do "padrão" estabelecido socialmente, e acabam por se destacar e se tornar referências. Se reprovarmos o comportamento daqueles que não cumprem o que é prescrito, devemos enaltecer aqueles que se dedicam, se esforçam e determinam seu fazer como seu próprio fundamento, obtendo resultados acima do que é estabelecido como normal ou aceitável.

As pessoas que estabelecem uma relação diferenciada com sua atividade, seja ela qual for, são inevitavelmente reconhecidas. Para esses indivíduos, conquistar o resultado tem um significado maior do que atingir o objetivo, alcançar uma meta ou realizar uma tarefa prevista em um plano ou prescrita em um contrato. Seu fazer tem um sentido relevante, uma causa pela qual vale o esforço e a dedicação; há um propósito. Estou falando de algo que está além de questões racionais ou burocráticas[4] e envolve exatamente o que nos humaniza: "Se é a razão que faz o homem, é o sentimento que o conduz."[5] O que e quanto sentimos gera a força capaz de fazer com que transcendamos nossos limites, transformando o trabalho em algo diferente, que podemos chamar de "missão". A partir desse ponto, abandonamos a condição de trabalhadores e assumimos a de "missionários".

Temos uma tendência natural a relacionar o termo "missionário" a pessoas que conduzem suas vidas de uma forma que as aproxima do divino. Elas são identificadas pelos costumes, hábitos, ritos, pela atuação em cerimônias prescritas em documentos ou escrituras consideradas sagradas, e adotam uma visão de mundo e uma moral própria, que chamamos religião. Os missionários são os protagonistas que se dedicam a aplicar os preceitos da moral objetiva que professam, que se tornam referência pelo nível de dedicação, pela superação de seus próprios limites e de toda sorte de dificuldades que encontram para atingir os propósitos de sua religião, motivados por um sentimento único: fé.

Contudo, quero demonstrar que o sentimento relacionado à missão está além de questões religiosas a partir de alguns ques-

---

4 Para saber mais, ler: WEBER, Max. *Vida e obra*. São Paulo: Nova Cultural, 2005 (Col. Os Pensadores).

5 Para saber mais, ler: ROUSSSEAU, Jean-Jacques. *Vida e obra*. São Paulo: Nova Cultural, 2005 (Col. Os Pensadores).

tionamentos para você, leitor e leitora que é pai ou mãe: paternidade ou maternidade não é uma missão? O que somos capazes de fazer pelos nossos filhos? Que limites nos impomos para proteger um filho? Que limite nos impomos para dar aos nossos filhos uma condição de vida melhor do que tivemos em nossa infância? Algum pai ou mãe já assinou um contrato em que se comprometesse a não estabelecer limites para as questões anteriores? Alguém já leu a descrição do cargo de pai e mãe? A resposta natural é "não", pois a dedicação é voluntária, motivada por um sentimento chamado amor, incondicional e absoluto.

Podemos achar que missão é tudo aquilo que tem que ser realizado por estar prescrito em algum contrato, previsto na declaração de identidade da empresa em que se trabalha, nas escrituras da religião que professamos, tarefas com as quais temos alguma afinidade ou que nos satisfazem. É lógico que se dedicar àquilo de que se gosta torna a atividade mais fácil ou prazerosa, e não recrimino. Mas o sentido de missão em que acredito, e facilmente verificado no Bope, é determinado pela forma como você se relaciona com sua própria história, aquela que você mesmo escreve com suas atitudes e que passa a ser sua referência, independente de gostar ou não da tarefa. O propósito está no realizar, no conquistar ou superar, algo que passa a fazer sentido para você mesmo, não levando em conta o que outros possam pensar ou valorizar.

Lembro-me de um pequeno livro que li, com 15 anos de idade, que conta uma história, ou melhor, uma saga que passou a ser minha referência de atitude diante de desafios e que procurei transmitir aos meus filhos. Curiosamente, ouvi poucos comentários sobre seu conteúdo ao longo da vida, a não ser pela evocação de seu título, que eu gostaria de resgatar: *Uma mensagem a Garcia*. Trata-se de um ensaio escrito pelo jornalista Elbert

Hubbard em 1899, traduzido para 37 idiomas, que se tornou sucesso mundial nas primeiras décadas do século XX. A história se refere a acontecimentos do fim do século anterior, quando irrompeu a guerra hispano-americana. Para os norte-americanos, garantir a independência de Cuba em relação ao domínio espanhol dependia da resistência e adesão do comandante dos insurretos da ilha caribenha, o general Calixto Garcia, que se sabia estar em alguma fortaleza no interior do sertão cubano, sem que ninguém pudesse indicar exatamente onde. O presidente dos Estados Unidos, William McKinley, precisava entrar em contato com o general cubano e assegurar sua colaboração o quanto antes. Sendo impossível a comunicação pelo correio ou pelo telégrafo, o que se poderia fazer? Alguém lembrou: "Há um homem chamado Rowan. Se alguma pessoa é capaz de encontrar Garcia, há de ser Rowan." Andrew Rowan, um batedor do exército, foi levado à presença do presidente, que lhe confiou uma carta a ser entregue ao general Garcia, sem poder dar detalhes da localização de seu destinatário. Rowan a meteu num invólucro de couro, que amarrou ao peito, e após alguns dias saltou de um barco nas costas de Cuba, durante a noite. Como ele se embrenhou nas matas, atravessando a pé um país hostil, dominado por forças espanholas, e, depois de três semanas, surgiu do outro lado da ilha para entregar a carta a Garcia são fatos que não vêm ao caso narrar aqui. O ponto principal do ensaio é o fato de o presidente McKinley designar uma tarefa, uma simples carta a ser entregue por Rowan, que a tomou e nem perguntou: onde ele está? Como faço para chegar a Cuba? Por que tenho de fazer isso? O que ganho com isso?

Podemos identificar inúmeras histórias que nos inspiram, semelhantes à narrada por Hubbard em *Uma mensagem a Garcia*, principalmente aquelas que falam sobre trabalho individual ou em equipe, superação de limites e perseverança para atingir objetivos maiores. Essas ações ilustram sucessos, mas também fracassos. Nem sempre os heróis são aqueles que vencem, mas aqueles que caem tentando, como a épica Batalha das Termópilas, protagonizada pelo rei Leônidas e os trezentos soldados de Esparta. A corredora suíça Gabrielle Andersen, ao chegar cambaleante ao final da maratona em Los Angeles, em 1984, revitalizou o espírito do inspirador da prova, o soldado ateniense Fidípides, que dois milênios e meio antes correra cerca de quarenta quilômetros, de Maratona a Atenas, para anunciar a vitória de seus compatriotas sobre os persas e alertar que a cidade deveria se preparar para uma retaliação, morrendo de exaustão logo após entregar a mensagem.

Para alguns, fatos como os descritos podem ser considerados loucura ou esforço desnecessário, mas eles são, na verdade, inspiradores. Um grande exemplo é um fato ocorrido em 2017 durante uma operação para a instalação de uma cabine blindada em um complexo de favelas na Zona Norte do Rio, onde o Bope foi acionado para fazer a segurança do perímetro. A equipe empregada foi fracionada em três grupos que tomaram os acessos do local da instalação. Logo após o início do trabalho de transporte da estrutura para o seu destino, dezenas de traficantes da facção que controlava a comunidade começaram a cercar o local, atirando contra os policiais que sustentavam a posição.

Nesse confronto, um dos policiais do Bope foi atingido com um tiro de fuzil que atravessou suas pernas. Imediatamente o cabo De Oliveira, paramédico que estava em outra equipe, foi acionado. O policial ferido perdia muito sangue e não poderia ser retirado em razão da intensa troca de tiros. O simples atravessar de uma rua que separava o socorrista do ferido se tornou uma operação especial. Com a cobertura de fogo da equipe do Bope, De Oliveira atravessou a rua sob disparos dos traficantes, chegando ao local para conter a hemorragia. Ele acessou uma veia para infusão de soro fisiológico e protegeu com bandagens a fratura exposta de uma das pernas do combatente, preparando-o para a remoção. A saída da equipe com o baleado ocorreu sob fogo intenso dos traficantes, até chegarem à ambulância que aguardava em um dos acessos da comunidade.

Quando os policiais se dirigiam em retorno para suas posições, após o socorro, De Oliveira foi novamente acionado. Mais um policial do Bope havia sido atingido, e sua equipe estava cercada em outra região da comunidade. Ele seguiu para o socorro com sua patrulha, e depois de chegarem à localidade tiveram que vencer o cerco dos traficantes até uma garagem onde o combatente ferido estava deitado no chão e desacordado. De Oliveira imediatamente desobstruiu as vias aéreas tirando dentes, parte da língua e fragmentos de ossos que entravam pela faringe do policial. Um disparo de fuzil havia atravessado seu rosto e o cotovelo direito. O paramédico imobilizou a estrutura da mandíbula que restava, estancou a hemorragia do braço, fez uma punção em uma veia do outro braço para hidratação com um composto especial de soro fisiológico, pinçou os tendões dos músculos do braço atingido, que já retraíam, e o preparou para o deslocamento, colocando-o nas costas. Seguiram sob fogo até uma rua próxima, onde pegaram o carro de um morador para chegarem nas ambulâncias parqueadas na entrada da comunidade, que levou mais um policial ferido para o hospital, sendo acompanhado pelo cabo.

Ao retornar do hospital para o local da operação, ao anoitecer, De Oliveira foi chamado para mais um socorro. Um policial do Bope não podia sair de uma laje em uma área da comunidade, pois estilhaços de tiro de fuzil atingiram seus olhos, deixando-o sem visão. Pelo fato de estarem sem iluminação natural, a equipe que o paramédico integrava não conseguia chegar rápido ao lugar. Depois de algum tempo, identificaram a laje onde o *sniper* do Bope e seu observador estavam aguardando o socorro. Não era possível avaliar a dimensão da lesão, já que não podiam ligar as lanternas para não identificar a posição, decidiu-se fazer uma lavagem com soro, aplicação de uma bandagem nos olhos e retirar o ferido. Ele foi conduzido por De Oliveira e protegido pelos demais integrantes da equipe de resgate do Bope.

Todos os três socorridos foram salvos e sobreviveram, ninguém foi abandonado ou deixado para trás, nenhum integrante da equipe desistiu da missão de proteger seu companheiro ferido, mesmo se expondo à possibilidade de ser o próximo a tombar. Esses fatos não aconteceram no Paquistão, Iraque ou Afeganistão, ocorreram aqui, no Brasil, no Rio de Janeiro. Essas, como tantas outras, são situações que nos remetem a reflexões sobre os sentimentos que mobilizam as pessoas, as estruturas de valor que orientam seus pensamentos, suas decisões, suas ações, e de como elas influenciam e mobilizam os demais membros do time. Todos nós somos, sem dúvida, determinados por uma força interna, que a maioria insiste em ignorar.

No Batalhão de Operações Especiais não temos trabalho a realizar, mas missão a cumprir. Internamente nos tratamos como missionários, pois temos uma causa pela qual vale a pena o risco que corremos e todo o sofrimento em nossa preparação. Estamos permanentemente prontos para enfrentar desafios que a maioria, naturalmente, evita. Não fomos convidados para o Bope, mas atraídos pela sua missão de transformar o Rio de Janeiro em um lugar mais seguro para nossos filhos. Analisar o sentimento gerado pela convergência entre os valores institucionais e os princípios daqueles que voluntariamente se submetem ao rigoroso processo seletivo, participam do programa de treinamento e integram a unidade, bem como me amparando nos exemplos citados acima e em tantos outros que presenciamos diariamente, permite que eu conclua sem nenhuma dúvida: a missão atrai o missionário, sendo aquele que se determina a cumpri-la.

Reflexão

Qual a sua missão? Qual o propósito que você estabeleceu para sua vida? O que você está fazendo para atingi-lo? O quanto está disposto a sacrificar para conquistá-lo?

Missão, para algumas pessoas, tem um sentido diferente de trabalho. Não querendo, de forma alguma, menosprezar a palavra "trabalho" e seu significado, devo esclarecer que os princípios que apresentei explicitam a lógica necessária para compreender o motivo pelo qual algumas pessoas estabelecem uma relação diferenciada com a atividade a que se dedicam, empenhando-se acima de um padrão estabelecido como normal, o que provoca a natural comoção da imensa maioria acostumada, ou doutrinada, por uma cultura de mediocridade. A missão, muito mais que seu significado literal, possui um sentido de relevância, propósito ou causa, que é determinado não por quem a dá, mas por quem assume o compromisso de fazer, encontrando dentro de si o estímulo para a mobilização de seus atributos pessoais, para superar seus limites na busca do cumprimento da tarefa e de "entregar a mensagem". Neste ponto se encontra a grande diferença entre "missão dada é missão cumprida" e "manda quem pode e obedece quem tem juízo".

Embora muitos exemplos que apresentei possam estar circunscritos ao campo e às atividades militares ou policiais, as atitudes identificadas não são exclusivas delas. Isso significa que podemos encontrá-las em qualquer meio ou tarefa realizada por pessoas ou equipes que adotam comportamentos destoantes da maioria, demonstrando qualidades características no alcance de seus objetivos, contrariando as estruturas responsáveis pela nossa formação cultural, que deveria nos manter na mediocridade, conforme apresentei no capítulo anterior. Foi o que observei nos últimos anos, em vários segmentos de negócios, pessoas e instituições que se estabelecem como equipes de alto desempenho, que se referenciam pelos seus resultados e pela forma como os conquistam. Mas o que sempre chamou minha atenção foi algo que eu encontrava em comum entre elas, e que me fazia, inevitavelmente, compará-las ao Bope e seus integrantes: a afinidade entre os valores pessoais e institucionais.

A forma como nos relacionamos com nossas atividades, os princípios e valores que orientam nossas decisões nos caracterizam de forma semelhante, seja no Bope, em organizações empresariais, em equipes desportivas ou em qualquer outra forma de associação ou cooperação entre pessoas. A declaração de identidade institucional é uma estratégia de orientar energias e capacidades de seus integrantes, bem como de apresentar ao mundo, expondo quem são, o que fazem, como fazem e qual o objetivo a atingir. Essa publicidade acaba gerando um compromisso com a sociedade, sejam clientes, fornecedores ou meros espectadores.

Agora imagine você, individualmente, estabelecendo a visão de seu próprio futuro, determinando qual o seu propósito de vida — missão — e quais valores vão orientar suas decisões e ações. Pense nessa declaração como algo fixado em sua mente, estampado em seu currículo, cartão de visita ou página pessoal. Dessa forma, você estaria determinando sua estratégia de vida e se tornando apto a orientar seu próprio caminho. Se não percebeu ainda, esse procedimento o ajudaria a responder às questões que fazem parte das muitas outras que compõem as entrevistas dos processos seletivos de algumas empresas, pelo menos as mais criteriosas.

Agora pense nos motivos que impedem a maior parte das instituições públicas de declarar sua missão, visão e valores. O que impede órgãos do governo ou mesmo os partidos políticos de estabelecer sua missão na promoção do progresso e bem-estar da sociedade por meio de propostas expostas claramente, e com base em um conjunto de ideias e valores que orientem todas as suas ações? Qual a dificuldade de indicar os resultados que deveriam ser alcançados ao longo de um período, permitindo que fossem mensurados e avaliados continuamente? Da mesma forma, instituições de ensino público não poderiam declarar sua proposta político-pedagógica e o compromisso com a formação dos alunos? Já reparou a dificuldade para encontrar gestores de escolas e universidades públicas que declarem sua missão e seus objetivos, bem como afirmem que vão buscar a excelência do ensino e o desenvolvimento do conhecimento dos alunos, seguindo ideais aceitos e compartilhados pela sociedade e adotando como referência indicadores nacionais e internacionais de resultados?

A cultura brasileira que estabelece o padrão de normalidade na mediocridade deve ser rompida. A falta de conhecimento das pessoas, sua boa-fé nas falsas lideranças, a crença nas promessas fáceis e nossa ausência na participação das decisões públicas permitem que esse modelo prevaleça, mesmo diante de todos os indicadores que expõem seus malefícios. As consequências naturais que insistimos em ignorar, como fazem nossos governantes, são a falta de competitividade do país, o baixo grau de qualidade do ensino e dos serviços públicos. Contudo, mesmo diante dessa condição, conseguimos encontrar empresas e organizações no Brasil que se tornaram verdadeiras escolas de competitividade e liderança. São justamente aquelas que ajudam o país a se projetar internacionalmente, que contribuem para seu desenvolvimento em função dos produtos e serviços que oferece, bem como dos devidos impostos que recaem sobre sua atividade.

Sou testemunha de que várias organizações no Brasil se prepararam e conseguiram desenvolver equipes de alto desempenho, contrariando a cultura do "deu para passar". Constatei que, da mesma forma como essas equipes são elogiadas, respeitadas e referenciadas, elas também são criticadas. Em alguns casos com razão, quando a pressão desmedida para a obtenção de resultados extrapola as normas de uma relação saudável, quando a liderança é medida pelo tamanho do chicote. Entretanto, boa parte das críticas se fundamenta em algumas ideologias sindicalistas, onde ser bom ou fazer bem não é mérito, mas forma de evidenciar quem é ruim ou quem não faz nada, filosofia encontrada em alguns dos serviços públicos e dos movimentos sindicais, onde o objetivo é manter a classe trabalhadora no mesmo formato manipulável por poucos indivíduos.

Estabelecer altos padrões de qualidade e alcançar resultados significativos requer pessoas determinadas e lideranças competentes, muito mais do que estruturas ou recursos financeiros para isso. As pessoas estão no centro desse processo, pois são capazes de desenvolver estruturas organizacionais que permitam a criação e a manutenção de um ambiente de comprometimento entre os membros das equipes com seu resultado, permitindo que alcancem seu melhor. O Bope é a maior prova dessa afirmação e por isso chamou tanto a atenção dos espectadores do filme de José Padilha.

Compreendo o trabalho em equipe como a sinergia do conhecimento, das habilidades e das atitudes individuais de seus integrantes, que interagem e se complementam. A partir dessa premissa, podemos avaliar a importância de cada um e sua capacidade de inspirar os demais a tomar uma tarefa e buscar cumprir aquilo que se comprometeram a realizar. Acredito, categoricamente, que existe uma dimensão individual que não podemos desconsiderar quando alguém consegue identificar valores que valem o esforço, o risco e o sacrifício. Características que não serão requeridas em um contrato de trabalho ou previstas na descrição de um cargo, mas que atraem um tipo especial de pessoa: o missionário.

Então, o que você é? Um trabalhador ou um missionário?

A CULTURA DAS TROPAS DE ELITE

Quais as principais características de uma tropa de elite? Quais os processos que estabelecem e garantem a continuidade da alta performance? O que é a cultura de alta performance?

Todas as pessoas e as organizações têm sua própria história. Trata-se de trajetórias marcadas por fatos extraordinários, que se tornam mais significativos do que a própria vitória ou derrota. Assim, devemos compreender que os acontecimentos estão inseridos em um processo e que contribuem para o que nos tornamos

Na vida, tudo que fazemos pode ser descrito como uma relação de causa e efeito, e cada evento marcante permite sua identificação ou associação com um elemento simbólico, que passa a representar aquele momento. Uma data, uma frase, um objeto, um aroma, um sabor, uma figura, uma música e até uma pessoa podem nos remeter ao passado, nos fazendo relembrar de circunstâncias e nos deixando saudosos, tristes ou felizes, deprimidos ou motivados. Se conseguirmos extrair um aprendizado desses acontecimentos e aplicá-lo em outra situação, semelhante ou distinta, isso significa que o transformamos em sabedoria. Assim, cada um é protagonista de sua própria Odisseia, e todos nós somos personagens de outra maior que nos reúne.

Se o conhecimento sobre os marcos históricos de uma organização pode ser considerado uma importante ferramenta estratégica, ter dados concretos sobre a sua fundação e os seus eventos críticos é fundamental. Geralmente tais eventos contêm lições que orientarão as formas de perceber, sentir e agir dos integrantes, validadas pelos exemplos dos fundadores e daqueles que enfrentaram situações extraordinárias, que podemos chamar de crises. Para entender sua importância, basta verificar a quantidade de biografias dos fundadores de instituições e organizações mundialmente conhecidas, bem como daqueles que relatam problemas e suas soluções.

Quanto maiores forem as dificuldades encontradas, mais importantes serão os exemplos de coragem, perseverança e superação para atingir os objetivos. As atitudes identificadas nessa trajetória inspiram as pessoas em momentos críticos, pois encorajam a incorporação da responsabilidade pela continuidade da história, passando a ser coletivo, como uma saga que nunca termina. No Bope não é diferente.

A unidade de Operações Especiais da Polícia Militar do Rio de Janeiro foi criada a partir de uma necessidade operacional da segurança pública. Ela nasceu em razão de uma crise. O ano era 1974, quando uma rebelião no presídio Evaristo de Moraes terminou com um trágico desfecho: todos os reféns e os rebelados foram mortos durante a invasão das instalações pelas forças policiais. Um capitão da PM que havia aconselhado a não invadir o local, considerando a falta de conhecimento e de técnicas adequadas para a inusitada ocorrência, foi incumbido de propor uma solução. Dois anos depois ele sugeriu a criação de um grupo especial nos moldes das equipes policiais que surgiram nos Estados Unidos a partir de uma ocorrência desastrosa com reféns, em um banco em Nova York, em 1972, retratada no filme *Um dia de cão*, de Sidney Lumet, estrelado por Al Pacino.

Baseado nas estruturas das Unidades de Armamento e Táticas Especiais — SWAT —, o projeto para a criação do Núcleo da Companhia de Operações Especiais — NuCOE — só foi aprovado em 19 de janeiro de 1978, com a missão de atuar em ocorrências que, por sua natureza, exigissem condições técnicas, físicas e psicológicas específicas. Contando, inicialmente, com oito policiais militares selecionados por um rígido processo, que considerava habilidades adquiridas em treinamento nos cursos de Comandos e de Guerra na Selva, do Exército, e no curso de Comandos Anfíbios, da Marinha, decidiu-se que a primeira medida seria desenvolver o perfil físico e psicológico dos futuros membros, bem como o escopo do programa de qualificação, que seria o primeiro Curso de Operações Especiais. Duas centenas de voluntários se submeteram a um rigoroso processo seletivo. Vinte e dois candidatos foram aprovados para o curso, e somente doze o concluíram. Esses vinte integrantes — oito policiais instrutores mais os doze aprovados no curso — são considerados os fundadores.

Pelo fato de não terem recebido recursos financeiros e materiais para desenvolver a estrutura mínima necessária para a instalação física do grupo, para a aquisição de viaturas, de armamento e de equipamentos, tudo era conseguido com dificuldade, mediante empréstimo ou doação de outras unidades policiais e militares das Forças Armadas. A maior parte dos materiais recebidos era obsoleta ou necessitava de reparos. Os fundadores se instalaram, inicialmente, em barracas de campanha montadas na área do centro de treinamento da Polícia Militar, até conseguirem, meses depois, permissão para ocupar um prédio antigo e abandonado do local, que eles mesmos reformaram. As poucas viaturas recebidas foram reparadas pelos próprios integrantes, bem como foi realizada por eles a manutenção no armamento e a construção de pistas de treinamento com toras de árvores doadas, que também acabaram servindo para treinamento de policiais de outros batalhões da Polícia Militar.

Além de arcar com essas responsabilidades materiais, o NuCOE começou a desenvolver e treinar as técnicas para atender a demanda que motivou sua criação. Assim, deu início ao estudo e à ampliação dos métodos de abordagem e de tiro policial, o que elevou seu status de Unidade Operacional Especial para também Unidade de Apoio de Ensino, por ter se tornado formuladora e difusora de técnicas policiais. Essas se transformaram nas bases de muitos dos métodos que são utilizados até hoje pela maioria das polícias brasileiras. Tudo era conseguido com o empenho de cada integrante da equipe, tudo exigia superar dificuldades, tudo era realizado em equipe, com simplicidade e com objetividade. Nada era impossível e nada era aceito além do melhor de cada um e do próprio time.

Fatos importantes relacionam a história da Unidade de Operações Especiais com a da Segurança Pública do Rio de Janeiro. Em 1980, uma rebelião no presídio Cândido Mendes, na Ilha Grande, exigiu a presença do NuCOE, pois nenhuma força policial conseguia entrar nas instalações convulsionadas. Ao chegar à Vila Dois Rios, à noite, os vinte policiais entraram no presídio portando somente bastões, determinando que a administração cortasse a energia elétrica dos pavilhões. Em quatro horas eles dominaram os quase quatrocentos presos, sem nenhuma perda de vida humana. Depois dessa ocasião, toda vez que os detentos ameaçavam se rebelar, eram avisados de que seriam chamados os caveiras — apelido dado aos integrantes da unidade especial pelos próprios presos em razão do distintivo com o crânio —, fazendo-os desistir da desordem e iniciar a negociação.

Durante dois períodos distintos, equivalentes a mandatos de governo estadual, entre 1983 e 1987, 1991 e 1994, houve tentativas frustradas de limitar a ação da unidade, reduzindo os recursos e impedindo a formação de novos integrantes. Na verdade, essa é a estratégia clássica para a extinção gradual de instituições. Foi nesses períodos que mais se desenvolveram métodos, técnicas e táticas, e quando mais se treinou para as operações especiais, preparando seus integrantes para os tempos que inevitavelmente chegariam.

Em 1988, no alto de uma laje da favela da Rocinha, o chefe do tráfico local, conhecido como Naldo, fez disparos em rajada com um fuzil de assalto, sendo flagrado pelas câmeras de veículos de imprensa. As imagens foram transmitidas pela TV, em rede nacional e internacional, e veiculadas em jornais e revistas. Durante uma semana a polícia tentou entrar na comunidade, sendo impedida pelos tiros de fuzil dos traficantes, arma que ela não possuía e que não tinha condição de enfrentar, a despeito da pressão da opinião pública, que exigia providências.

O então comandante da Companhia de Operações Especiais (COE) se apresentou ao comando da PM e se colocou à disposição, fazendo uma exigência: só os trinta integrantes da unidade atuariam. Ninguém mais subiria na favela. Ao alvorecer do dia seguinte, três equipes de dez caveiras entraram na favela, saindo no fim da tarde. O resultado foi a morte de Naldo, Buzunga e Brasileirinho, que tentaram enfrentar os especialistas de operações especiais. O fato permitiu que o Estado recuperasse, momentaneamente, o controle da comunidade e consolidou a tropa de operações especiais, hoje o Bope, como time de intervenção nas chamadas "áreas de risco", ou seja, as favelas dominadas pelo crime.

Em 2000, um assalto a um ônibus da linha 174 se desdobrou em uma ocorrência com refém. O Bope foi chamado para solucionar o caso, depois de horas de negociação. Como primeira tática de um protocolo internacional de crise com refém, foi decidido empregar a terceira alternativa: o tiro de comprometimento, pelo *sniper* do batalhão. Ao tomar conhecimento do fato, o governador do estado ligou para o comandante do Bope[1], que era remanescente de uma geração mais tradicional da unidade e atuava como o gerente da crise no local, e determinou que não houvesse o disparo. A quebra do protocolo aumentou o risco da operação. Mesmo assim, o negociador do Bope conseguiu fazer com que o criminoso saísse do ônibus, embora levasse uma refém.

Nesse novo cenário, a quarta alternativa foi empregada: o time de assalto tático. A expectativa era que o criminoso se rendesse, retornasse à negociação fora do ônibus ou atirasse nos policiais. Contudo, ao perceber o avanço da equipe em sua direção, ele surpreendeu a todos, jogando-se no chão junto com a refém e efetuando três disparos contra ela. Estava registrado o maior fracasso da história do Bope, pois perdeu-se a refém. A unidade foi criticada de forma contundente, com formadores de opinião e representantes de partidos de esquerda exigindo sua extinção. Entretanto, poucos se lembram de que nove reféns foram salvos, ou seja, 90% das pessoas sobreviveram pela ação das operações especiais, fato que nunca foi usado como justificativa, pois o objetivo da alta performance sempre será 100% de eficácia. Após a mudança no comando do Bope, realizou-se um estudo sobre o caso, revisaram-se as técnicas, reformulou-se o programa de treinamento que havia sido alterado pelo comando anterior e recrudesceram os protocolos. Hoje, o Bope é a unidade de intervenção tática que mais salva reféns no país.

---

1 Esse fato nunca foi confirmado pelo governador e pelas autoridades da época, mas está explícito em depoimentos que podem ser assistidos no documentário *Ônibus 174*, de José Padilha.

Voluntarismo, rusticidade e operacionalidade

Nesta breve história do Bope, podemos identificar importantes representações que podem ser observadas no comportamento de seus integrantes até os dias de hoje. Mas, nas origens de sua fundação, encontramos as principais: voluntarismo, rusticidade e operacionalidade.

Voluntarismo é o pressuposto essencial para a ação, caracterizado por privilegiar a importância ética, psicológica ou metafísica da vontade em relação ao que deve ser feito. O que é diferente de voluntariedade, que mais se refere a um impulso momentâneo — próximo de um capricho ou impertinência. A vontade manifestada no querer individual, fundamentada por um propósito, possui a capacidade de envolver as demais pessoas em um vórtice de energia mobilizadora, ou sinérgica, a partir de uma simples e significativa atitude, que parte da conjugação do verbo na primeira pessoa: eu quero! Ou em negação: eu não quero! É essa vontade, também chamada de "determinação", que impele as pessoas para a ação, por um senso de dever, da mesma forma que estabelece os motivos para não querer agir, por violar um princípio moral.

Preciso explicar que a "falta" de vontade difere da vontade de "não querer", e este é um ponto muito importante a ser compreendido, em razão de causar uma confusão natural. A primeira dimensão está relacionada com a inépcia, medo ou fraqueza moral que impede o enfrentamento do problema. A segunda dimensão relaciona vontade com nossos valores, nossas aspirações e nossa coragem para decidir enfrentar, ocorrendo mesmo quando não nos sentimos capazes ou aptos para a tarefa. Nesse caso, trata-se de comportamento racional e emocional, apresentado por quem está disposto a mobilizar seus atributos para a realização ou enfrentamento de algo que valoriza, assumindo os riscos inerentes, da mesma forma que nega fazer algo que viola seus valores e manifesta sua decisão, que pode contrariar o senso comum. Como falamos no Bope, "é preciso mais coragem para dizer 'não' do que para dizer 'sim'".

A rusticidade, como representação, está atrelada à origem do Bope. Diferente do significado literal na língua portuguesa, que denota indelicadeza, incivilidade ou grosseria, seu significado simbólico ou conotativo nos remete à capacidade de adaptação, à perseverança e à resiliência diante de cenários adversos e críticos, sem perder a noção de fazer o melhor, mesmo diante da ausência de meios e condições ideais para sua realização. Trata-se do atributo de quem converge seu conhecimento e habilidades para a busca da solução de problemas ou para o cumprimento da missão, adaptando-se às condições e aos meios restritos disponíveis, improvisando quando necessário, mas nunca desistindo. É a capacidade de agir sob condições nas quais a maioria desistiria ou se restringiria a determinados limites.

Na cultura das operações especiais, o termo "operacionalidade" não se limita ao entendimento de uma qualidade relacionada à capacidade de agir dentro de um padrão previamente estabelecido de forma segura, eficiente e eficaz. Seu significado simbólico nos reporta à forma como atingiremos o resultado e como cumpriremos nossa missão, ou seja, pela integração de três outras qualidades: a simplicidade, a objetividade e a efetividade. Entendemos a simplicidade como o atributo do que é ser simples, fazer-se compreensível, facilitando a compreensão para os demais, bem como facilitando a própria compreensão. Se algo parece complexo, deve-se adotar uma estratégia para facilitar seu entendimento, descomplicando, esclarecendo ou tornando natural algo que, não sendo bem entendido, poderia produzir um distanciamento psicológico do tema, permitir um entendimento diferente ou equivocado, capaz de interferir no desempenho das pessoas e da equipe. Nesse mesmo sentido, ao se planejar, preparar ou executar uma atividade, deve-se buscar estratégias e táticas que sejam de melhor compreensão e que permitam a melhor execução pela equipe, mas que sejam suficientes para atender aos objetivos pretendidos.

Objetividade é a qualidade atribuída a algo ou a alguém que é direto, franco e objetivo em suas ações, sem perder tempo com especulações ou subterfúgios. Também nos remete à forma de perceber, pensar e agir em cenários extremamente voláteis e de alto risco, pelas inúmeras variáveis a serem consideradas, impondo a necessidade de ser prático e rápido na tomada de decisões e na implementação de ações assertivas. Para desenvolver e consolidar a objetividade, buscamos adotar métodos que utilizam a prática sistematizada ou ritualizada. A repetição constante e disciplinada de protocolos universais e específicos resulta no desenvolvimento de uma estrutura de pensamento assertivo que se manifesta, principalmente, em situações complexas, críticas ou mesmo nas mais simples, como uma exposição discursiva, oral ou escrita de algum tema.

A efetividade é entendida como resultante da eficiente utilização dos meios, cumprimento dos planos e protocolos, com o perseverante foco na busca do resultado, ou seja, na disposição do cumprimento da missão — a eficácia. Essa qualidade permite o desenvolvimento da sensação do dever cumprido, dentro dos parâmetros de qualidade estabelecidos, e da possiblidade de transformações contínuas, por meio da aprendizagem, gerada pela avalição constante dos resultados — a excelência. Os três fundamentos da operacionalidade exigem racionalidade, disciplina e vontade, tanto de quem planeja como de quem executa as ações, e estabelecem altos padrões de qualidade, redução do tempo de execução e melhor utilização dos recursos disponíveis.

Podemos reconhecer o processo de operacionalização em procedimentos rotineiros do Bope, como na simples exposição de ideias. Adota-se a forma clássica e universal de estruturação do tema, a partir de uma introdução, seguido do desenvolvimento do assunto e finalizando em uma conclusão. A tese é apresentada a partir de premissas, expostas de forma direta e simples, sendo acareada por uma antítese — dialética —, concluindo em uma síntese, pela mediação entre os pontos confrontados e a identificação de consensos. Esse procedimento evita divagações desnecessárias e desperdício de tempo, tão comuns nos dias de hoje.

Trata-se de métodos de simplificação e objetivação para, ao final, haver uma tomada de decisão efetiva. O que pode parecer complexo, ao ser apresentado em um primeiro momento, deverá, necessariamente, ser simplificado pelo uso de analogias e metáforas, objetivando um processamento metodológico para direcionar a discussão e a conclusão. No Bope, se uma teoria não passar pelo crivo da prática, é considerada utopia e, assim, descartada, ficando o tema restrito às conversações durante as refeições e no alojamento, momentos e locais onde todos os problemas do mundo são solucionados.

Ritos e rituais

Uma característica interessante, produzida pela ideia de operacionalidade no Bope, é a prática de restringir boa parte das questões a três pontos de abordagem. Esse procedimento, utilizado para estabelecer temas de discussão, prescrever ações ou estipular alternativas, mostrou-se extremamente simples e objetivo pela facilidade de exposição, entendimento e memorização de assuntos. Ao buscar a origem desse protocolo na história do batalhão, acabei concluindo que foi consolidado e adotado pela prática resultante de tentativas, erros e correções, sendo transmitido de uma geração de caveiras à outra, por meio de ritos e métodos inseridos nos programas de treinamento.

A prática de restringir a abordagem de temas a três alternativas é muito comum a ordens religiosas, mas a melhor explicação é dada pela neurociência, por meio da controversa teoria do médico e neurocientista Paul D. MacLean, quando relaciona nossos processos mentais a três regiões cerebrais: uma responsável pelas reações instintivas, outra pelas decisões emocionais, e a terceira pelas decisões racionais. Quando a fase instintiva é atendida, a mente humana precisa avaliar três cenários antes de promover uma escolha. Não dois, porque seria restringir a uma probabilidade de acerto ou de erro de 50%; nem quatro cenários ou alternativas, porque eles acabariam por ser confundidos entre si, podendo comprometer a seleção pela restrição de tempo disponível para a tomada de decisão. Por maiores que possam ser as críticas ao assunto, posso garantir que se trata de um excelente processo de apresentação de temas e de opções de ação quando lidamos com a alta performance. Nos treinamentos do Bope esse método é exaustivamente exercitado para qualificar as alternativas e as decisões, sendo desenvolvido por meio de processos rituais.

Os aspectos mais visíveis da cultura são os rituais[2]. Os ritos são atividades repetitivas e padronizadas que possuem o potencial de difundir e consolidar ideias de forma explícita e implícita, como já identifiquei nos parágrafos anteriores. Podem ter uma amplitude maior ou mais restrita, dependendo dos objetivos a serem atingidos. No caso específico das organizações, todos já

---

2 Sugiro a leitura de: TURNER, Victor. *O processo ritual: estrutura e antiestrutura*. Petrópolis: Vozes, 1974.

ouvimos falar dos ritos das culturas das empresas orientais, que têm a prática de reunir todos os seus colaboradores pela manhã para breves exercícios físicos laborais, cantar o hino da empresa, ouvir discursos dos líderes, elogiar os destaques etc.

Esses procedimentos compõem um ritual inserido em um sistema de ritos adotados para fins gerais, como fortalecer o sentimento de pertencimento, aproximar as pessoas dos níveis estratégico, tático e operacional, e também para fins específicos, como apresentação de conceitos, a divulgação de metas e a atualização de normas e regras de segurança. Eles são facilmente compreendidos e assimilados, por constituírem uma das principais características da cultura oriental, praticados a partir do ambiente familiar e escolar. Noções de demonstração de respeito à autoridade, de disciplina e de comprometimento são representações sociais que os colaboradores aprendem e exercitam desde cedo. Para nós pode até causar algum estranhamento tanta disciplina, pois é mais fácil nos escandalizarmos quando observamos no outro aquilo que não vemos em nós mesmos.

O Bope, pela sua própria finalidade, não pode prescindir dos ritos na construção de sua identidade ou *ethos*, e um dos principais ritos com importância fundamental para a cultura do batalhão é o de "passagem". Presentes na maioria das sociedades primitivas e modernas, os ritos de passagem promovem a mudança de status social dos iniciados, de uma condição inicial para outra mais adiantada, como também determinam um marco temporal para a história contada, separando o "antes" do "depois". No caso do Bope, é o Curso de Operações Especiais que detém a responsabilidade de preparar os futuros caveiras, transformando policiais militares convencionais em operações especiais. Esse programa de treinamento é estruturado em uma grade de disciplinas e eventos, intermediados por ritos e cerimônias. O processo ritual, precedido pelo voluntarismo de quem se submete e é aprovado no rigoroso processo seletivo, começa pela cerimônia ou rito de iniciação, ou de imersão, com a apresentação dos neófitos aos caveiras veteranos — da forma identificada nas cenas do filme de José Padilha —, onde incorporam sua identidade ritual, perdendo-se todos os resquícios e status da anterior.

Vários outros ritos são realizados durante o programa, e cada um possui uma função geral e específica. O rito do hasteamento do Pavilhão Nacional e da bandeira do Bope tem a finalidade de valorizar os símbolos nacionais, mas também a preservação da autodisciplina e da motivação exigida na formatura e nas demais atividades. O rito matinal de inspeção avalia o empenho do aluno nas tarefas de manutenção de seu equipamento, uniforme e asseio, mas também o prepara para o dia de tarefas. O rito de exclusão dos desistentes, realizado toda vez que um aluno "pede pra sair", coloca em xeque a determinação daqueles que permanecem, mas também fortalece o mito da perseverança. O rito de liberação para regresso ao lar, realizado poucas vezes ao longo do curso, desenvolve e fortalece o sentimento de valor do lar, o local onde começa e termina a missão. Os ritos de início e término das refeições, de início e fim da instrução etc., todos têm uma finalidade, pois identificam e consolidam os valores, as crenças e os ideais institucionais, desenvolvem métodos, estruturam o pensamento e os procedimentos que serão necessários para atividades do curso, assim como, posteriormente, nas próprias operações especiais.

Os ritos e rituais institucionais de valorização de crenças e ideais foram progressivamente abandonados no Brasil. Possivelmente essa situação ocorreu em razão das críticas direcionadas por movimentos ideologicamente motivados, ao longo dos anos 1960 e 1970, pelo argumento inicial de que esses procedimentos faziam parte de uma espécie de doutrinação, semelhante àquelas a que os próprios críticos haviam sido submetidos durante sua construção ideológica. Eles compreendiam, acertadamente, que o fortalecimento de determinadas condutas enfraqueceria a introdução de conceitos antagônicos.

Assim, os críticos criaram argumentos apresentados de forma repetitiva, como um rito, nos quais pregavam que se submeter àquele tipo de cerimonial doutrinador seria uma forma de expressar o apoio à ditadura militar e de reduzir a liberdade de pensamento. As instituições mais afetadas por essa estratégia foram as escolas públicas, quando deixaram de hastear a bandeira, de cantar o Hino Nacional brasileiro e de demonstrar respeito aos professores e diretores das escolas, iniciando-se um processo de desconstrução do princípio da autoridade, com trágicas consequências para a sociedade na atualidade. O resultado foi a formação de uma juventude "livre" da noção de respeito, excelência e comprometimento.

Símbolos e mitos

As representações sociais podem se manifestar por símbolos[3], em razão dos significados que lhes são atribuídos. Eles são considerados a menor unidade do ritual, pelo potencial de retenção de propriedades específicas relacionadas ao grupo, marca ou ideia que representa. Atuam para estabelecer poderosas e duradouras disposições e motivações nas pessoas, através da formulação de conceitos desenvolvidos a partir de pensamentos ou fatos associados às qualidades pessoais ou organizacionais, com um alto grau de consistência e constância. Temos a tendência natural a restringir os símbolos às logomarcas, jingles e frases de efeito de empresas, mas eles estão muito além dessa dimensão ao nos remeter, quase que imediatamente, aos principais atributos da organização.

---

3 Para saber mais, sugiro a leitura de: TURNER, Victor. *Floresta de símbolos: aspectos do ritual Ndembu*. Niterói: EdUFF, 2005.

Em nossa vida pessoal, os símbolos possuem importantes sentidos. Quem não se recorda de bons momentos da juventude ao ouvir uma música que tenha marcado aquela passagem, assim como uma data específica, um perfume, uma frase ou um objeto? Guardo até hoje o primeiro presente que recebi de minha esposa, há trinta anos, quando ainda éramos namorados. É uma camisa de sarja de uma marca conhecida na época, que guardei não por essa razão, mas porque minha então namorada a comprou com seu parco salário de estagiária de psicologia, sacrificando outras despesas pessoais. A camisa se tornou para mim um símbolo de carinho, atenção e esforço, fazendo o valor material se transformar em valor sentimental ou simbólico. Essa é a principal característica dos símbolos, unificação de significados distintos e provocadora de sentimentos.

A famosa caveira trespassada pelo sabre de combate é o símbolo referencial do Bope. Condensa significados de pertencimento, rusticidade, operacionalidade, coragem e perseverança. Ela está presente em tudo que se relaciona ao batalhão, podendo ser encontrada desde a entrada até a saída das instalações, no timbre dos documentos, nas portas das seções, nas viaturas, na parede do salão de formatura e até mesmo tatuada nos corpos dos seus integrantes.

Os símbolos e seus significados despertam emoções sem as quais as pessoas ficariam restritas às normas e protocolos, como máquinas programadas. Sentimentos semelhantes deveriam ser provocados por outros signos em nossas rotinas, como a bandeira do país e o Hino Nacional para os brasileiros ou a logomarca da empresa para seus colaboradores. Se você acha que seria esperar demais por esses sentimentos, bastaria comparar a reação de torcedores de times de futebol em relação ao escudo, camisa ou bandeira de seus clubes.

O processo de estruturação da identidade organizacional, passando pelos ritos e símbolos, possui a capacidade de criar mitos, que constituem crenças não declaradas e não confirmadas que evoluem nos espaços das representações culturais. Podem ser aceitos sem qualquer análise precedente e têm a capacidade de reforçar os ritos, tomando um caráter positivo, como o mito da perseverança dos caveiras, gerado a partir da atitude dos integrantes do Bope diante dos desafios, que reforça a necessidade de manutenção de grande dificuldade dos processos de seleção e treinamento. Podemos identificar, no mundo dos negócios, algo muito parecido com o mito de competitividade de algumas organizações, em razão dos segmentos que atuam, que acabam caracterizando seus próprios integrantes.

Contudo, alguns mitos podem gerar dificuldades, quando desenvolvem comportamentos contrários aos objetivos e propósitos dos indivíduos e das organizações. Como exemplo, o mito da imutabilidade de procedimentos — porque sempre foi feito deste mesmo jeito — que acaba por criar resistências às mudanças necessárias para se adaptar aos novos cenários, principalmente quando envolvem ajustes de uma ideia-valor. Esse é um cuidado que deve ser tomado pelas instituições, pois, surgindo de formas não sancionadas, acabam sendo aceitas tacitamente pelos integrantes e até pelas lideranças das organizações. O melhor exemplo do efeito de alguns desses mitos são aqueles em que pessoas se sabotam, alegando, dentre outros motivos, que não tiveram oportunidades na vida e, assim, nunca conseguirão nada. A despeito de partir de um fato real — a falta de oportunidade — não tentar superar essa condição é consagrar o equívoco, pois o maior mérito estaria em vencer as dificuldades.

Mitos também podem desenvolver atributos. No caso do Bope, a rusticidade e a operacionalidade se transformaram em qualidades pessoais de seus integrantes. Na ausência de fundamentos organizacionais, no período de fundação da tropa de operações especiais, foram esses mitos que permitiram o direcionamento dos esforços para os resultados, diante das severas limitações de recursos. Surgiram das características individuais de seus primeiros integrantes ou fundadores, e se estabeleceram como traço do perfil profissiográfico para os processos seletivos dos programas de treinamento, a partir do primeiro curso realizado. Contudo, também se desenvolveu o mito de que tudo que foi gerado na fundação deveria ser preservado, em razão do princípio tácito da inalterabilidade, típico do formalismo militar, segundo o qual se criar algo é muito difícil, mudar é quase impossível.

O Bope evoluiu de um pequeno grupo de vinte policiais até os 550 que o integram hoje. Tem a mudança e a adaptação como fundamento, contudo, em sua história, alguns mitos impediram uma evolução mais rápida. Eles foram consolidados nos períodos que coincidem com as medidas administrativas que impuseram uma restrição operacional às ações da unidade, e uma resistência ao seu crescimento e à sua expansão, por uma política insidiosa e populista do governo da época, impedindo a renovação dos quadros e, assim, o desenvolvimento de novas ideias. Embora se reconheça ter sido um momento importante para a história da unidade, por ter colocado à prova a perseverança e resiliência de seus integrantes, surgiu o mito de que somente os fundadores poderiam sancionar mudanças. O resultado mais evidente desse mito foi o caso do ônibus 174, já relatado, que serviu para desmistificar essa ideia.

Reflexão

Para entender as tropas de elite, bem como qualquer grupo social e categorias profissionais, precisamos identificar a gênese de suas principais características e como elas foram se desenvolvendo, ao longo do tempo, moldando pessoas e instituições. Desde sua origem, as sociedades desenvolvem formas peculiares de sentir, pensar e agir que distinguem umas das outras a partir de interesses, preocupações e objetivos comuns. Essa é a razão pela qual podemos diferenciar pelo comportamento um brasileiro de um argentino, de um estadunidense ou inglês; um carioca de um paulista, gaúcho ou baiano; um militar de um civil; um engenheiro de um sociólogo; ou um vendedor de um contador.

Integrantes de grupos sociais se manifestam de diversas formas, são as chamadas representações sociais[4] que podem ser identificadas nos comportamentos individuais e coletivos, nas crenças, nos costumes, nos ritos, nas cerimônias, nas artes e nas leis, formando um conjunto que chamamos cultura[5]. Precisamos compreender que somos indivíduos em um todo e, ao mesmo tempo, parte dele. Assim, o pensamento e a conduta coletiva são consequências de como percebemos o que ocorre em nossa volta e como deduzimos ou julgamos os fatos a partir de um conjunto de informações previamente adquiridas, chamado de "teia de significados", que nos permite atribuir sentido aos acontecimentos.

Cada sociedade possui sua própria "teia de significados", ou cultura. Ela é tecida a partir da interação entre as pessoas, ou seja, ela não surge do nada e nem existia antes da humanidade, mas tem sua origem no conjunto de valores e princípios comuns, constituído pelas premissas que atribuem sentido ético aos comportamentos, determinando o que é certo ou errado, ou o que é aceito ou refutado pelos demais integrantes. Está em constante transformação evoluindo progressivamente, ao longo de um processo histórico, incorporando, sistematicamente, regras e outros mecanismos geradores de condutas, explícitos ou implícitos, para harmonizar a convivência entre as pessoas e direcionar os esforços para o bem-estar coletivo.

---

4 Para saber mais, sugiro a leitura de: MOSCOVICI, Serge. *A representação social da psicanálise*. Rio de Janeiro: Zahar, 1978. DURKHEIM, Émile. *As formas elementares da vida religiosa*. São Paulo: Edições Paulinas, 1989.

5 Relembro que o termo "cultura", neste livro, está sendo usado da forma acadêmica, como também de forma vulgar, para se referir às representações que caracterizam seu significado. Para saber mais, sugiro a leitura de GEERTZ, Clifford. *A interpretação das culturas*. Rio de Janeiro: Zahar, 1978.

Essa teia ou conjunto articulado de significados é responsável pela produção de formas distintas de expressões, que permitirão qualificar e caracterizar o próprio grupo. Assim, a cultura pode ser entendida como um "algoritmo inscrito nas mentes e corações"[6] das pessoas, que se manifesta em comportamentos que permitem identificar um indivíduo como parte de um todo.

Trata-se, então, de um sistema mental que, ao ser acionado por uma determinada situação, nos conduz a um comportamento peculiar. Como exemplo prático, analise o motivo pelo qual, no Japão, as pessoas esperam para entrar no vagão do metrô em fila, e no Brasil se forma um tumulto onde cada um quer entrar primeiro.

A população de um país é constituída pelos habitantes de suas regiões, e cada uma delas por diversas comunidades e outras formas de organização humana coletiva, ou subgrupos, que desenvolvem atributos típicos. Denomina-se subcultura determinados padrões especiais de valores e crenças gerados a partir de questões relacionadas às regionalidades, em razão de processos históricos, sociais e econômicos. O que me permite concluir que os algoritmos sociais, ou sistemas de valores e significados, ajustam-se em razão de particularidades locais, institucionais e até pessoais.

Para constatar o descrito acima, basta viajar pelo Brasil e interagir com as pessoas e perceber a diversidade de nosso povo, concluindo que estamos tratando de um grande complexo, formador de uma identidade nacional, constituída de particularidades regionais. De forma semelhante, quando visitamos diferentes empresas de um mesmo segmento de negócios ou atividade, podemos constatar modos diferentes de se comportar entre elas. Essas subculturas, tratadas como "cultura local" ou "cultura da organização", podem ser mais ou menos flexíveis ou tolerantes com

---

6 Essa frase é de Ward Goodenough, citada na obra de Clifford Geertz indicada anteriormente.

determinadas questões. Essas diferenças têm origem nos movimentos ocorridos ao longo do processo de construção da identidade do grupo considerado, desde sua fundação, que promovem um ajustamento do seu algoritmo.

Transportemos, agora, os conceitos apresentados acima para o ambiente mais restrito de nossas atividades no campo pessoal e profissional. Reflita como as situações que nós mesmos experimentamos em nossas vidas geraram mudanças em nosso comportamento. Avalie a importância do propósito, dos valores, princípios, processos e protocolos para nós mesmos e para as instituições a que pertencemos. Se nós, individualmente, desde nossa educação familiar e escolar, começássemos a estabelecer fundamentos pessoais e, posteriormente, profissionais, conduziríamos nossas vidas dentro de padrões que permitiriam desenvolver, continuamente, conhecimento e habilidades que melhor nos preparariam para a vida em sociedade, principalmente os relacionados à capacidade de ajustamento aos ambientes mais exigentes e competitivos e ao enfrentamento de situações de anormalidade ou crises de qualquer natureza. Assim, não há como desconsiderar a importância da individualidade na formação do algoritmo cultural, pois somos parte do todo.

No caso das organizações, são os fundamentos citados anteriormente que asseguram a convergência do conhecimento e das habilidades individuais e coletivas para o alcance dos resultados, pelo estabelecimento dos objetivos a serem atingidos, as metas que deverão ser alcançadas e a forma como cada um e cada setor ou equipe atuará, considerando os recursos disponíveis e as condições do cenário. Esses procedimentos, quando estruturados, permitem o desenvolvimento de uma identidade própria e de um ambiente capaz de gerar uma atmosfera de pertencimento e engajamento para que se atenda ao que é proposto, garantindo a continuidade do desempenho e da expansão das atividades. A partir dessas premissas, podemos identificar as bases sobre as quais serão desenvolvidas as formas de pensar, sentir e agir das pessoas de um grupo restrito a uma atividade, que constituirão a cultura organizacional[7].

Trata-se do sistema de valores, crenças e procedimentos que se desenvolve em uma organização, capaz de orientar o pensamento e o comportamento dos seus integrantes para atendimento dos objetivos. Essa definição clássica de cultura organizacional permite estabelecer níveis de análise para compreendê-la melhor, por meio da identificação das manifestações individuais e coletivas que podem ser observadas, as formas como os valores são compartilhados e consolidados e sua relação com o resultado pretendido.

Não existem sistemas de absoluta assertividade. Todos eles carecem de adaptações ao longo do tempo de existência e das circunstâncias para se manterem ativos e produtivos, mas para isso devem estar preparados. Da mesma forma, não se adotam valores e crenças assinando um contrato de trabalho ou obedecendo às prescrições de algum cargo. Os valores, comuns e compartilhados, constituem o núcleo da cultura organizacional, sendo explicitados, internalizados e difundidos pelos ritos, pelas práticas e pelas interações entre os integrantes do grupo, transformando as atividades rotineiras em ações efetivas da organização, podendo se estender para a sociedade. Diferentemente do que se pode pensar, ela não é estática, pelo contrário: precisa ser dinâmica, para se adaptar às mudanças de um ambiente cada vez mais volátil, em razão das novas demandas e tecnologias.

Precisamos compreender que a cultura de uma organização se desenvolve e se fortalece quando o significado da tarefa, da meta ou do objetivo a ser alcançado, individual ou coletivo, transcende seu valor pela consciência de que o melhor deve ser feito, porque é o certo, por isso, importante — é uma missão. Esse modo recorrente

---

7 Para saber mais, sugiro a leitura de: SCHERMERHORN, John; HUNT, James; OSBORN, Richard. *Fundamentos de comportamento organizacional*. Porto Alegre: Bookman, 1999.

e peculiar de agir dos integrantes de uma organização define as características mais percebíveis da identidade institucional, orientando-a para a alta performance. Ao contrário, a ausência dessa consciência restringe a evolução individual e coletiva, estabelecendo um padrão mediano de empenho e, consequentemente, de desempenho.

Pelo que presenciei nos últimos anos, muitas organizações brasileiras perderam e estão perdendo a noção do valor dessas representações, para desenvolver um comportamento compatível com suas atividades. Aquelas que ainda mantêm processos geradores e mantenedores de sua identidade própria o fazem para conseguir enfrentar os desafios de ambientes muito competitivos e se adaptar a cenários turbulentos, principalmente nas últimas décadas. Suas maiores qualidades também são os motivos das maiores críticas, normalmente originadas de segmentos mais moderados ou pelas representações de categoria, que acreditam que a busca incessante por resultados acaba exercendo uma pressão descabida sobre os colaboradores.

Que fique claro que não estou defendendo o uso do que habitualmente se denomina "pressão por resultado". Tenho verificado que, muitas vezes, as metas são estabelecidas sem critérios por gestores irresponsáveis, transferindo aos integrantes do time de execução da tarefa uma responsabilidade sem cabimentos estratégicos e táticos consistentes. Nesse caso, não estamos falando de alta performance pelo desafio, e sim de medidas abusivas com imposição de objetivos que estão muito além da capacidade da equipe e do que se poderia, realmente, conseguir. Tal procedimento desgasta e frustra as pessoas, colocando em dúvida a capacidade gerencial dos formuladores de metas, além de pôr em xeque sua liderança.

Contudo, abusos à parte, muitas organizações brasileiras têm realizado um movimento de contracultura, em um país pautado pela mediocridade. Aquelas que estabelecem metas desafiadoras, selecionam integrantes para as equipes amparadas em critérios tomados por um perfil apropriado e alinhado aos valores e propósitos organizacionais, desenvolvem estruturas internas para a consolidação de uma identidade própria, preparam as pessoas para o que será enfrentado, fornecem estruturas para agir dentro de padrões éticos e de segurança e reconhecem o mérito daqueles que superam seus limites estão no caminho ou já se estabeleceram como equipes de alto desempenho. Por esse motivo, são conhecidas por todos e almejadas como local de trabalho por muitos.

O Bope, como uma equipe de alta performance, contém todos os elementos estruturais mencionados neste capítulo. Eles podem ser identificados em tantas outras organizações que, por suas características próprias, podem adotar formas distintas para atender a suas necessidades, as de seus integrantes ou as de seus clientes. Elas devem estar em consonância com seu propósito, e é exatamente este o ponto que determina o nível de empenho para a performance necessária. Entretanto, fica evidente o tamanho do desafio que enfrentamos quando não somos preparados culturalmente para tal condição, ou seja, o fato de nosso algoritmo social estar em desacordo com a realidade em constante mudança e cada vez mais exigente.

Reflita, então, sobre a missão que você determinou para sua vida. Identifique quais são os seus valores, hábitos e costumes que contribuem para realização de seu propósito e, principalmente, o que pode impedi-la. Recorde-se como você se preparou ao longo de sua jornada, por meio do conhecimento, habilidades e experiências que adquiriu e considere o que ainda falta. Avalie como você distribui seu tempo para o trabalho, lazer, descanso e aperfeiçoamento, sobretudo como está enfrentando suas limitações. Procure saber como você é percebido pelos seus familiares, amigos e colegas de trabalho, em razão de suas atitudes, especialmente no enfrentamento de problemas. Por fim, analise seu comportamento diante de metas desafiadoras. O resultado dessa reflexão poderá indicar que você está na trilha certa ou que algo precisa ser revisto, caso queira seguir pelo duro caminho da alta performance. Mais adiante, explicarei como o Bope e seus integrantes desenvolvem cada etapa desse processo.

5

VÍTIMAS, FIGURANTES E PROTAGONISTAS

Quais características essenciais compõem o perfil dos integrantes das tropas de elite? Como poderiam ser avaliadas essas características? Que métodos seriam capazes de garantir a seleção de pessoas com perfil apropriado para a alta performance?

A maior parte das organizações adota procedimentos, mais ou menos complexos, para selecionar pessoas que atendam aos padrões que garantam a execução de suas atividades e, consequentemente, a continuidade de sua existência. Comentei, em capítulos anteriores, que esses processos não podem prescindir das orientações estabelecidas pelo propósito, pela missão e pelos valores institucionais, pois sem eles tudo ficaria restrito a vontade e idiossincrasias dos gestores responsáveis ou "donos" do negócio, ou permitiria a profusão de formas distintas de pensar, sentir e agir dentro de um mesmo grupo, criando uma verdadeira Babel organizacional.

Não quero dizer que um dono ou gestor habilidoso não consiga fazer seu negócio evoluir, pois não faltam excelentes exemplos de empresas familiares. Também não digo que a diversidade e a pluralidade de ideias sejam ruins; ao contrário, elas podem ser mais benéficas do que pensamos quando somos capazes de reconhecer sua importância estratégica e utilizá-la. Contudo, deve haver um conjunto de objetivos que determine para onde os esforços devem ser dirigidos. Por essa razão, não há como pensar em alto desempenho sem considerar os métodos que permitiriam selecionar quem executará as tarefas, e estabelecer os padrões de como elas devem ser realizadas pelos selecionados.

Gostaria de tomar o Bope como exemplo e analisar os atributos exigidos para o exercício das atividades de operações especiais. Será necessário, inicialmente, que o leitor compreenda se tratar de uma atividade peculiar, desenvolvida por uma unidade designada para atender às prescrições institucionais de uma organização pública de que faz parte — a Polícia Militar —, constitucionalmente responsável pela preservação da ordem pública e da incolumidade das pessoas e do patrimônio[1]. Assim, as atividades do batalhão estão inseridas em um contexto de segurança pública, devendo estar direcionadas para o bem-estar das pessoas, pela atuação em cenários que, por suas características, estejam além das atividades de rotina, exigindo conhecimento e habilidades específicas.

Grosso modo, as atividades de operações especiais envolvem ações que, por sua natureza, são consideradas de alto risco. Essa avaliação toma como premissa os cenários de segurança pública de extrema turbulência, ambiguidade e volatilidade, em razão das infindáveis variáveis a serem consideradas nos contínuos

---

1 Para saber mais, sugiro a leitura do art. 144 da Constituição da República Federativa do Brasil.

processos de tomada de decisão e de execução, caracterizados pela conjugação de questões legais, técnicas e emocionais, para a escolha de alternativas a serem colocadas em prática no tempo equivalente a segundos ou frações dele, durante jornadas sem limites de horas, sem tempo para descanso ou refeições, e onde um erro pode custar a vida de inocentes, dos camaradas de equipe e a do próprio indivíduo que o cometeu.

Espera-se que cada integrante e a própria equipe atuem dentro de padrões de alta qualidade, assertividade e eficiência, cumprindo sua missão, a despeito dos salários incompatíveis com o exigido e das restrições estruturais para o exercício da função. Quem, então, seriam as pessoas geneticamente modificadas ou educadas desde a infância, como espartanos, para integrar o Bope? Como elas seriam atraídas para a função? Quais as qualidades individuais necessárias? Quais os processos capazes de identificar essas qualidades e de preparar os selecionados para a execução das tarefas?

O perfil

Para responder às perguntas acima, preciso recorrer aos conceitos implícitos nos capítulos anteriores. Especificamente aos valores, princípios e propósitos que constituem os fundamentos de nosso pensamento e comportamento, consolidados ao longo de nossa vida, desde o núcleo familiar, e que nos caracterizam como integrantes de uma sociedade ou comunidade. Primeiramente, precisamos entender que nossas características emocionais e cognitivas identificam-nos como sujeitos únicos, com interesses e expectativas próprias. É essa individualidade que as organizações buscam atrair, selecionar, preparar e manter, e no Bope não seria diferente. Então, eis a questão: de que pessoas estamos falando?

Como relatei anteriormente, tenho conversado com vários gestores e ouvido, de forma recorrente, sobre as dificuldades encontradas na seleção e formação de suas equipes. Muito mais do que da habilidade para lidar com as novas gerações, os maiores problemas se concentram em torno do comportamento das pessoas diante de demandas e dificuldades impostas pela realidade que alteram as rotinas, principalmente nas atividades de segmentos mais competitivos. Tal circunstância tem levado as organizações a selecionar fora do perfil desejável, ou a reduzir o nível requerido para os cargos, a fim de não deixarem de contratar, apostando na adaptação do contratado ao meio que ele encontrará. As consequências são óbvias: falta de adaptação à função, conflitos com a chefia e com os demais integrantes, estresse físico e mental dos envolvidos, alto *turnover* e problemas trabalhistas.

Acredito que o cenário descrito pode se restringir a um ponto fundamental: a falta de aptidão das pessoas para enfrentar situações críticas. Como já mencionei, fomos preparados para a normalidade e não para a adversidade. A maioria dos indivíduos demonstra clara afinidade com o conforto gerado pelos ambientes e cenários previsíveis, onde tudo pode ser atendido pela burocracia da rotina ou pelo que estamos "acostumados" a fazer. Desse modo, querem evitar sempre o desconforto da anormalidade e da imprevisibilidade, que exigem atitudes rápidas, eficientes, corajosas e, muitas vezes, inusitadas e criativas. Conhecemos esses momentos críticos por um termo mais comum, usado para qualquer evento que altere a normalidade e que exija atitudes peculiares: crise.

A crise, como fenômeno, possui natureza diversa e plural, envolvendo desde problemas familiares, de saúde, passando pelo ambiente de trabalho, chegando a acontecimentos políticos e econômicos, que acabam por influenciar a vida de um ou todos os integrantes do grupo social. De um modo geral, quando pessoas se deparam com uma situação de anormalidade, são tomadas por uma vontade natural de negar[2] sua existência ou criar argumentos para evitá-la — mecanismos de defesa. Esse fato pode ser constatado em algumas circunstâncias que marcaram a recente história pública brasileira, em que presenciamos a falta de atitude daqueles que deveriam agir, desconsiderando o óbvio para não tomar decisões, ou o emprego de estratégias diversionistas, buscando desviar o foco da população para se eximirem de responsabilidades. Mas, algumas vezes, quando percebemos o enfrentamento da situação, na busca de soluções ou do atendimento de demandas, podemos avaliar o quanto essa atitude inspira confiança e se torna um exemplo a ser seguido, a despeito do resultado das decisões.

As duas condutas citadas no parágrafo anterior também podem ser explicadas pela Reação de Alarme do Corpo[3], termo científico que explica o conjunto de reações fisiológicas do organismo em razão de uma grave alteração do ambiente, preparando o indivíduo para sobreviver ao perigo. Esse fenômeno, que também recebe a denominação de Reação de Fuga ou de Luta, é desencadeado a partir de qualquer ameaça, física ou psicológica, causada por uma alteração do ambiente de normalidade, resultando em uma decisão de ficar e lutar ou de desistir e fugir. Podemos entender, assim, que a crise ou o desconforto são condições que exigem mudança nas formas de pensar, sentir e, principalmente, agir: "Ou você desiste, ou se corrompe ou vai para a guerra."

Respostas comportamentais às adversidades são, inevitavelmente, resultantes da interação de nossas características socioe-

---

2 Para se aprofundar no tema, sugiro a leitura de: KÜBLER-ROSS, E. *Sobre a morte e o morrer*. São Paulo: Martins Fontes, 1992.

3 Para saber mais, sugiro a leitura de: GUYTON, Arthur C.; HALL, John E. *Tratado de fisiologia médica*. 12ª. ed. Rio de Janeiro: Elsevier, 2011.

mocionais e cognitivas. As competências socioemocionais compreendem um conjunto de habilidades que cada um desenvolve ao longo da vida, para lidar com as próprias emoções, relacionar-se com as outras pessoas e gerenciar objetivos e metas. Abrangem autoconhecimento, perseverança, autocontrole, cooperação, competitividade e muitas outras qualidades. As competências cognitivas reúnem os mecanismos relacionados aos processos de aprendizagem, intelectual e motora, empregados para a solução de problemas e a realização de tarefas, abrangendo a racionalização, a tomada de decisão, a versatilidade, a atenção concentrada e distribuída, o tempo de resposta etc. Necessariamente, as duas dimensões precisam ser continuamente estimuladas, para ajustar as respostas individuais aos estímulos ambientais, em constante mudança.

O nível de maturidade ou de desenvolvimento socioemocional e cognitivo de cada um de nós qualifica nosso comportamento. Quanto mais desenvolvidas essas competências, mais adequadas serão as respostas, principalmente em situação de conflito ou crise. Entretanto, devemos tomar o cuidado de não relacionar maturidade, da forma que apresentei, com o tempo de vida ou experiência de um indivíduo, pois cada um processa uma mesma informação de maneira diferente e, consequentemente, responde de forma diversa. Não se espera que alguém nasça pronto, mas que possua as condições de evoluir continuamente, em menor ou maior tempo, estabelecendo seu diferencial comparativo na decisão individual de lutar. Se fugir, nada aprenderá. O mais importante, então, é o resultado que se obtém ou o que demonstra capacidade de obter, dentro de padrões éticos e de qualidade, estabelecidos e desejáveis, para o enfrentamento e a solução de um problema ou o atendimento de uma demanda, demonstrando, assim, estar "pronto".

Estratégias comportamentais

Com base nas características expostas acima, não seria difícil reunir indivíduos em um grupo específico, alinhando atributos e afinidades entre eles. A recorrência da adoção de determinada estratégia comportamental, como fugir ou lutar, indica o nível de maturidade do indivíduo para determinado conjunto de tarefas. Quando observada em uma maioria, pode determinar um traço cultural do grupo social considerado. Para explicar melhor essa proposição, vou utilizar uma categoria das ciências sociais: o ator social. Todos nós, individual e institucionalmente, representamos papéis em uma trama de relações dentro do grupo a que pertencemos. Assim, de maneira semelhante aos fatos apresentados em peças de teatro, filmes e novelas, somos personagens no palco da vida real, experimentando em nosso cotidiano situações comparáveis aos gêneros teatrais, como dramas, comédias, tragédias, farsas etc. Então, somos personagens que adotam estratégias para desenvolver nosso papel social.

De forma geral, em uma sociedade de cultura paternalista como a brasileira, as pessoas sempre esperam que alguém faça por elas o que elas deveriam fazer por si mesmas. Como mostramos nos capítulos anteriores, fomos educados para não tomar parte ativa nos acontecimentos, não correr riscos, não pensar diferente e não liderar. Essa condição acabou por criar um ambiente propício para o papel de "vítima", aquele que, diante de situações adversas, acredita ser sempre o alvo preferencial das conspirações do universo e que, em razão dessa condição, adota atitudes passivas de espera por atenção, compaixão, compreensão, admoestação ou absolvição. Interrogações e exclamações típicas — como "Por que isso foi acontecer logo comigo?" "O que eu fiz para merecer isso?" "Joguei pedra na cruz?" "Fui pego de surpresa!" "Eu não sabia de nada!" "Fui enganado!" "Fui traído!"

"Fui apunhalado pelas costas!" — constituem o roteiro desse papel, facilmente observado em nossas rotinas, bem como em fatos da história recente.

Porém, constatamos eventualmente que vítimas incondicionais de dramas reais, como desastres naturais, acidentes e crimes, muitas vezes adotam posturas diferentes do que normalmente se esperaria das pessoas que passam por esses infortúnios. Não se comportando como coitadas, não angariam compaixão, o que seria natural. Ocorre o contrário: algumas pessoas despertam nos espectadores a admiração. Isso acontece porque, ao romper com o modelo que nos é culturalmente imposto pelos exemplos cotidianos, tais pessoas buscam saídas para superar a situação, e escolhem não ser vítimas. Essa é a grande prova de que nós temos a capacidade de escolher nossos próprios papéis, e que isso ocorre em razão de decidirmos nos afastar do modelo social no qual estamos inseridos como indivíduos, e que nos reduz à mediocridade.

Existem ainda outros papéis, como aqueles atores sociais que, diante de uma crise ou desafio, não se fazem de vítimas, mas preferem aguardar que alguém tome a iniciativa de solucionar o problema ou enfrentar o desafio. Trata-se dos "figurantes". As pessoas que escolhem essa estratégia comportamental, mesmo possuindo o conhecimento e as habilidades necessárias para a realização da tarefa, optam por se recolher e se apequenar, na expectativa de que outra pessoa se adiante e faça o que elas poderiam ou deveriam fazer. Quando isso ocorre aguardam serem chamadas para participar, e então têm a oportunidade de se fazer de vítimas, ou de atender à convocação, tornando-se coadjuvantes.

As vítimas ou figurantes não surgem somente pelas limitações do conhecimento e pela ausência de habilidades para enfrentar uma anormalidade. A incompetência até poderia se tornar um argumento plausível para a adoção de estratégias comportamentais diversionistas, embora não as justificasse. Na verdade, estou me referindo à falta de atitude, vontade ou determinação diante de situações críticas, também entendida como falta de coragem para assumir responsabilidades. Trata-se da maneira como nos comportamos em condições de anormalidade, que exigem de nós muito mais do que nossas características cognitivas. Refiro-me, então, às atitudes exortadas pela vontade, inspiradas em valores, manifestadas por pessoas que, diante de desafios, apresentam-se como "protagonistas".

Os protagonistas são encontrados na história, nos livros biográficos e de narrativas de sucesso político, social e empresarial. Em nosso cotidiano, eles constituem os anônimos que, a todo momento, inspiram pessoas com suas pequenas atitudes em família, nas escolas, nas fábricas, nas lojas, nas equipes esportivas ou mesmo nas ruas. São aqueles que surgem para resolver problemas que ninguém quer resolver, ajudar aqueles que ninguém quer ajudar, ou mostrar um caminho para os desviados, mesmo não tendo responsabilidade direta por isso. Fazem porque entendem o valor de fazer, não por mera convenção social, mas porque tem de ser realizado como um "dever" autoimposto, como a vítima de um infortúnio que não aceita tal papel. Essa atitude detém o potencial de envolver pessoas e de inspirá-las a vencer a inércia comportamental a que estamos socialmente submetidos. Uma pequena frase e a mais ouvida no Bope, significando que alguém acaba de assumir uma missão: "Deixa que eu faço!" São pessoas com essas atitudes — protagonistas — que buscamos selecionar, entre os voluntários.

Desafio

O grande desafio, então, é identificar protagonistas. Minha proposta para esse fim é desenvolver um método empírico que nos permita identificar as qualidades individuais capazes de caracterizá-los, baseado nas práticas do Bope que utilizei para formar equipes ao longo de minha carreira, e nas ponderações resultantes dos diálogos que mantive com executivos de diversas empresas sobre o tema. Esse processo deve considerar, necessariamente, o resultado da interação dos níveis de maturidade socioemocional e cognitiva de determinado indivíduo, diante do imperativo de tomar uma decisão e de agir. Como estamos falando de alta performance, torna-se necessário ambientar o comportamento a ser avaliado em cenários desafiadores, turbulentos e críticos.

Partindo do pressuposto de que os indivíduos de um grupo de trabalho detêm o conhecimento e as habilidades básicas para determinada tarefa, reduzirei os atributos socioemocionais e cognitivos a duas premissas correlatas, que considero reunir a essência de cada uma para atingir a alta performance: determinação e aptidão. A primeira — a determinação — é resultante de qualidades como autoconhecimento, autocontrole e perseverança. A segunda — a aptidão inata ou adquirida — é resultante do raciocínio lógico, da versatilidade e da cooperação. Dessa forma, descarto questões relacionadas a sexo, opção sexual, idade, etnia e condição social do indivíduo. Com esse modelo pretendo identificar a resultante da interação das premissas: a prontidão.

Devemos entender a prontidão como o estado de quem está pronto para a ação — apto e determinado —, antecipando-se ou respondendo às circunstâncias. Então, duas qualidades lhe são essenciais: a proatividade e a reatividade. A primeira se refere ao atributo de quem se antecipa aos acontecimentos, e para isso precisa estar conectado ao ambiente, possuir a capacidade de projetar as possibilidades de cenário diante de determinadas mudanças, formular e escolher alternativas de ação e implementá-las antes da ocorrência do fato, ou que suas consequências se estendam. A segunda refere-se ao atributo de quem está atento ao ambiente, consegue perceber a ocorrência de uma situação, desenvolve um conjunto de respostas, escolhe a que considera mais aplicável e a coloca em ação. Se não houver aptidão, as respostas não serão eficazes, podendo agravar a ocorrência ou criar outras. Se não houver determinação, o indivíduo simplesmente nada faz ou espera que alguém lhe determine o que fazer.

Considero que o estado de prontidão pode ser estabelecido como um indicador estático ou dinâmico. Será estático quando demonstrar a capacidade de avaliar qualitativamente um indivíduo, ou determinado grupo, limitando-se ao que eles são. Será um indicador dinâmico quando tomarmos como referência o potencial do indivíduo, ou do grupo, para chegar ao nível requerido para a realização da tarefa, considerando o que poderão se tornar. Não é complexo avaliar as características cognitivas e socioemocionais das pessoas por meio de entrevistas, testes psicológicos e dinâmicas. Contudo, essa avaliação estará restrita aos próprios limites das ferramentas utilizadas. A observação da prática diária e das atitudes individuais em situações específicas possui um referencial muito mais significativo, embora requeira meios, tempo e profissionais qualificados. Ambas possuem restrições, mas as duas podem se complementar muito bem.

Indivíduos escolhidos aleatoriamente na sociedade representam, por amostragem, a própria sociedade. Sendo empregado algum critério racional de escolha dos indivíduos, o grupo formado por eles representará uma amostra do universo daqueles que possuem as características previamente determinadas. Em minha passagem pelo Bope, como integrante e durante meu trabalho de pesquisa sobre sua cultura, identifiquei um mito relacionado ao seu processo seletivo, segundo o qual os pretendentes ao ingresso no programa de treinamento, o Curso de Operações Especiais, poderiam ser empiricamente segmentados por seus atributos em três subgrupos, facilitando, assim, sua qualificação e seleção. Como base nesse mito e nas conclusões a que cheguei em razão de diversos colóquios com empresários e executivos, proponho, para fins didáticos e tempero das críticas, nomear os subgrupos em G1, G2 e G3.

O primeiro subgrupo, o G1, pode ser estimado com uma quantidade em torno de 10 a 20% do total do grupo, sendo constituído por aquelas pessoas de princípios e valores consolidados que, diante de qualquer circunstância, estarão sempre prontas para agir, ajudar e colaborar, independentemente do risco, da estrutura disponível, dos recursos ou recompensas. São reconhecidos pelo protagonismo que demonstram, principalmente nos momentos de adversidade, propensos a pensar nos outros, mais do que em si mesmos, e agem com autonomia funcional. Em ambientes organizados estrategicamente, exercem funções relevantes ou de chefia, devido à capacidade de liderar os demais pelo exemplo. Quando constituem massa crítica, em consequência de um processo seletivo rigoroso ou do desenvolvimento de pessoas, representam o perfil de uma equipe de alta performance.

O segundo subgrupo, o G2, é composto por uma quantidade de indivíduos estimada entre 60 a 80% do total. Representa a maioria das pessoas do universo considerado, tendem a atuar em ambiente de riscos aceitáveis, condições estruturais ideais, recursos disponíveis e são muito sensíveis a estímulos e recompensas. Preferem as funções com as quais possuem mais afinidade, mesmo que de menor responsabilidade. Agem como figurantes nas circunstâncias adversas, ou como coadjuvantes quando se encontram diante de uma liderança ativa e participativa. Assim, são dependentes de rotinas padronizadas e agem com mais empenho quando devidamente estimulados.

O terceiro subgrupo, o G3, é estimado entre 10 a 20%. Os integrantes desse grupo, quando inseridos em alguma equipe ou tarefa específica, independentemente de terem à disposição ou não a melhor estrutura disponível, da existência ou não de recursos e excelentes estímulos e recompensas, empreendem esforços para não assumir responsabilidades, principalmente em situações críticas, embora aspirem as vantagens e benefícios oferecidos. Mesmo sendo possuidores das melhores qualificações técnicas, tentam dissimular essa condição nos processos seletivos, apresentando reduzida motivação ou certo grau de desinteresse para as tarefas.

Este subgrupo — G3 — costuma adotar formas peculiares de se esquivar de compromissos, como estratégias diversionistas e de vitimização, procurando viver nas sombras das lacunas legais e normativas. Procuram, sempre, manter a condição que facilita o "não fazer" e para isso chegam a articular movimentos de contracultura, mobilizando os demais integrantes do G2 para suas convicções, com o intuito de criar uma massa crítica para promover um ambiente favorável às suas expectativas. Nessa condição, atuam como um espelho do G1, apresentando alta aptidão e determinação para agir contra os objetivos e interesses do grupo social ou da organização a que pertencem.

Neste momento, você deve estar analisando alguém por esses parâmetros, e começa a entender melhor o que pretendo propor. Toda vez que penso nesse modelo, que faz parte do folclore do Bope, lembro-me do meu tempo de cadete na então Escola de Formação de Oficiais. Eu estava no primeiro ano do curso, em uma instrução de conduta de patrulha com minha turma, integrando uma equipe que progredia em uma estrutura que simulava um beco de favela, repetidamente, por horas, sob um sol escaldante, ouvindo brados dos instrutores, disparos de tiros de festim e explosões de simulacros de granada. Em determinado momento, um colega da equipe, logo atrás de mim, que reclamava de tudo, arremessou a seguinte pérola:

— Eu detesto militarismo!

Imediatamente me virei para ele, agarrei-o pela alça da mochila e o puxei com um tranco em minha direção, enquanto minha outra mão segurava o fuzil, que continuava apontado para a frente, e mandei:

— Ô, FDP, será que você ainda não percebeu que a Polícia em que entrou é Militar? Se não gosta, para de reclamar e vai para a PQP!

O colega, reconhecido pelo seu intelecto, ao término do ano letivo pediu desligamento. Até hoje me arrependo das referências não elogiosas à sua genitora.

Operacionalizando o mito

Se reconhecemos que nosso comportamento, diante de determinadas circunstâncias, é resultante da interação de nossas competências socioemocionais e cognitivas, que a qualidade da conduta está relacionada ao nível de maturidade dessas dimensões e que tais características permitem identificar e segmentar os indivíduos de um determinado grupo, pela convergência de atributos, acredito, então, sermos capazes de operacionalizar essas considerações, convertendo o abstrato em concreto. O meio mais simples e objetivo de expressar as questões apresentadas seria desenvolver um modelo empírico capaz de representá-las visualmente.

Para melhor entendimento desse processo de representação visual, é necessário tomar como base um grupo de pessoas selecionadas por critérios previamente estabelecidos. Utilizando ferramentas de avaliação apropriadas como entrevistas, testes projetivos e dinâmicas, cada indivíduo será qualificado pelas competências consideradas essenciais para os objetivos propostos, a partir das duas variáveis comportamentais: a maturidade cognitiva e a maturidade socioemocional. Para determinação do nível de cada uma, considerei, para a primeira, o conjunto de três atributos que poderiam contextualizar a aptidão: raciocínio lógico, versatilidade e cooperação. Para a segunda variável, da mesma forma que a anterior, o nível de determinação: autoconhecimento, autocontrole e perseverança. Cada um desses atributos receberá um valor estimado em uma escala de zero a dez. A média obtida para cada variável, ou conjunto de atributos, identificará o nível de aptidão e o de determinação do indivíduo, onde zero é a ausência, e dez o máximo possível.

Minha proposta, então, é apresentar um método de produção de um modelo que nos permita qualificar os indivíduos e os subgrupos com base nas características algorítmicas específicas, como as descritas acima. Esse arquétipo pode ser representado por um gráfico bidimensional de dispersão, no qual a aptidão será projetada por um eixo horizontal, a abcissa, e a determinação por um eixo vertical, a ordenada. Cada nível de maturidade, obtido pelo processo já explicado, será indicado pela posição numérica nos respectivos eixos, e o encontro da projeção dos dois pontos no plano cartesiano, a coordenada, determinará a prontidão.

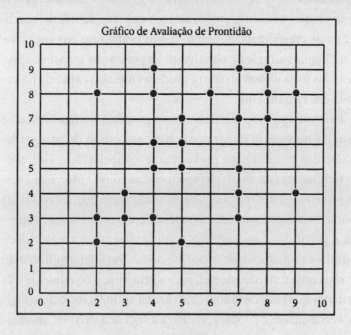

Na medida em que esse modelo empírico demonstra a possibilidade de indicação da coordenada relacionada ao nível de prontidão de um indivíduo, a convergência de pontos em determinado espaço do plano cartesiano indicará, consequentemente, as características de um conjunto ou de um subgrupo. Para melhor precisão, o plano poderá ser subdividido em quadrantes, na quantidade em que se especule obter a melhor visualização qualitativa. Se associarmos os quadrantes ao modelo mítico do Bope, obteremos, como resultante, uma materialização dos grupos G1, G2 e G3, na forma proposta no Gráfico 2.

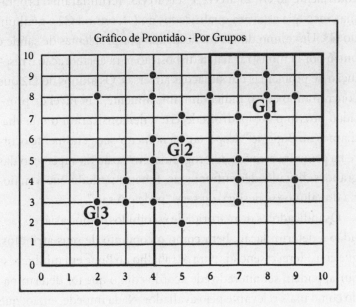

Desenvolvi este modelo durante meu trabalho de pesquisa para o mestrado, quando estudei o processo de construção social da identidade do Bope durante o Curso de Operações Especiais de 2006. Ele é inspirado nos modelos de análise de desempenho de atletas. Como não era meu objetivo primário de pesquisa, utilizei-o como ferramenta para avaliar visualmente o perfil dos candidatos ao programa baseado nos critérios que apresentei e, posteriormente, confirmar o resultado com os concludentes, após o término do treinamento. Havia, na época, uma expectativa de prosseguir com o estudo, para validação do processo, em outro momento.

Todos os 34 candidatos, selecionados entre quase duzentos inscritos, foram previamente entrevistados por mim, bem como os onze que terminaram o curso, ao final de 17 semanas. Na primeira avaliação, empregando o que chamo de Método Analítico de Prontidão, oito candidatos indicaram um nível de prontidão equivalente ao G1, 21 ao G2, e seis ao G3. Terminaram o programa cinco que estavam qualificados no G1, seis no G2 e nenhum do G3. Um aluno do G1 foi desligado por problemas de saúde e outro por demonstrar baixa disposição para colaboração e resolução de problemas em situações adversas. Os alunos do G2 que concluíram o curso indicaram, inicialmente, um nível de prontidão próximo aos padrões do G1, e demonstraram o que chamamos no Bope de "despertar", fenômeno que geralmente ocorre na primeira semana do programa, em razão da superação das grandes dificuldades enfrentadas. É nesse período que a maioria dos alunos se desliga, ou seja, "pede pra sair".

Os indicadores de maturidade escolhidos como variáveis, aptidão e determinação, bem como o conjunto de seus atributos, que considerei essenciais para o trabalho no Bope em minha pesquisa, podem ser alterados de acordo com o que for determinado como mais relevante pelo avaliador. Nada impede, então, que sejam escolhidos outros marcadores, como competências pertinentes à iniciativa, atenção concentrada, tomada de decisão etc., ou que lhes sejam atribuídos pesos diferentes, para atender aos objetivos da avaliação ou seleção. O mais importante é que permita uma visualização que auxilie a identificação e consolidação do perfil.

Esse arquétipo não possui a pretensão de abranger todas as questões que envolvem os processos de avaliação e seleção de pessoas, muito menos a de ser algo extraordinário. Contudo, ele toma como referência a convergência de vários fatores conhecidos e consolidados sobre cultura social e organizacional, desenvolvimento de competências e habilidades individuais, e experiência com equipes de alto desempenho. Operacionalizando todas essas dimensões da forma proposta, poderemos encontrar algum desvio, para mais ou para menos, na aferição dos valores estimados para algum atributo e nível de prontidão. A melhor forma de reduzir esse risco seria confirmar o resultado da análise preliminar, pela utilização de ferramentas de observação durante a prática orientada, ao longo de algum período. O que me faz refletir sobre o tempo desperdiçado pelas organizações com o chamado período de experiência ou estágio, que poderiam ser usados para fins de observação mais apurada das qualidades individuais.

Reflexão

Para compreender todo o processo apresentado, é necessário aceitar que as crises são fenômenos cíclicos, eclodem e desvanecem, podem durar mais ou menos tempo, dependendo das atitudes e dos esforços de pessoas para solucioná-las ou reduzir suas consequências. Elas sempre deixam um legado de aprendizagem para todas as pessoas, bem como para as instituições, desde que não sejam ignoradas. Não existem na história da humanidade períodos sem crise. Na verdade, eles se tornam os marcos geradores de transformações sociais, que são posteriormente pesquisados pelos historiadores e cientistas sociais na busca da origem das mudanças.

Nas crises surgem os verdadeiros líderes. Na normalidade, o discurso eloquente e inflamado até pode convencer, mas é na adversidade que o exemplo de alguns nos impele a seguir em frente. O único fator comum às duas condições e que qualifica os protagonistas como heróis ou vilões são os valores e princípios morais que orientam as decisões e atitudes, porque também se lidera para o mal. Em um país como o nosso, onde há uma gritante necessidade de deificação de figuras públicas, e de se acreditar que os governos são tutores das ideias e provedores de benefícios, desenvolve-se a crença de que da autoridade vem sempre a verdade. Esquecemos, contudo, que é da verdade que se origina a autoridade. Uma sociedade que não compreende essa dimensão está fadada ao fracasso moral por seguir modelos errados.

Estamos vivendo em um ambiente de diversas modalidades de crises — política, econômica e moral — que acabam por gerar consequências que afetam todos nós. Testemunhamos a mentira como estratégia, a negação do óbvio como tática e a covardia em buscar soluções que realmente resolveriam ou amenizariam os problemas. Embora eu esteja apresentando exemplos no cenário da administração pública, algo muito diferente acontece em várias organizações, privadas e até em algumas públicas, como a busca permanente da superação pela determinação de objetivos relevantes, elaboração de estratégias, implementação de táticas, observação de parâmetros éticos e valorização pelo mérito e não pelo compadrio ou por relações impublicáveis. Essas instituições são tomadas como exemplos, tornando-se referências e casos estudados e copiados.

Tenho observado que as organizações, de modo geral, acabam por estabelecer o foco de seus processos de gestão de pessoas considerando a maioria, ou seja, o subgrupo G2. Não é difícil perceber ações para a melhoria constante no ambiente de trabalho, desenvolvendo estruturas físicas compatíveis com as atividades, adoção da meritocracia para estimular o desempenho individual e coletivo por meio de prêmios, recompensas e reconhecimento público de performance etc. A inexistência dessas medidas tornaria os G2 vulneráveis aos G3, para aliciamento contra os objetivos institucionais do próprio grupo, tornando o ambiente impregnado de energia autodestrutiva, e não é difícil perceber essa condição em algumas organizações. Contudo, mesmo existindo todas as medidas saneadoras, elas não impedem a cooptação, mas a enfraquecem. As organizações que agem com foco na maioria estão estrategicamente corretas, pois com os G1, independentemente de qualquer estrutura, sempre se poderá contar, e, somados aos G2, constituirão a massa crítica necessária ao atingimento dos objetivos.

Há um entendimento, muito comum, de que o melhor seria direcionar todos os processos para favorecer os G1. Se assim fosse, as ações atingiriam no máximo 20% das pessoas, que ficariam naturalmente sobrecarregadas, pois sem os G2, que perfazem no mínimo 60%, não se conseguiria atingir a escala produtiva compensatória. Outro pensamento é estabelecer o foco nos processos de identificação e afastamento dos G3. A consequência seria a mobilização de muita energia, recursos e tempo, sem a garantia de sucesso, pois, ao se fazerem de vítimas perseguidas, poderão resistir nos meandros burocráticos e legais. É por isso que se deve determinar prioridades, o que não significa deixar de criar condições para os G1 atuarem, para os G2 se mobilizarem, bem como para identificar, neutralizar ou descartar os G3, mantendo-os sob controle e impedindo que possam se alastrar no ambiente.

Ao longo de 2017, acompanhei uma equipe de agrônomos pelo interior do país em palestras técnicas para o agronegócio, e aprendi muito. Horas de deslocamento por estradas deste grandioso Brasil me permitiram manter conversas com doutores e pesquisadores no controle de pragas de diversas culturas. Alguns dados técnicos reforçaram minhas convicções e entendimentos sobre variados assuntos, por meio de analogias. Uma delas é conhecer e saber respeitar os períodos de plantio e colheita, outra é segmentar o processo produtivo da cultura por fases, em que cada uma terá um tratamento adequado a partir de uma série de dados coletados e analisados, resultando na aplicação de insumos no tempo certo e na quantidade recomendada. Isso significa planejar, preparar e executar, com excelência operacional, e avaliar o resultado. Ao desconsiderar esses fatores, aumentaria o risco de comprometimento da produtividade da colheita e de agressão ao meio ambiente. Por isso, previamente se prepara a semente e o solo; se planta no momento certo; após o plantio, trabalha-se com insumos próprios para cada cultura, em sua fase vegetativa e reprodutiva; e, após a colheita, se trata a palha da planta que fica no campo. Nada diferente de qualquer processo analítico.

A ciência demonstrou que as pragas da lavoura dificilmente são eliminadas, mas podem ser controladas. Toda vez que há uma tentativa de erradicação, as que sobrevivem produzem cepas mais fortes, como ocorre com os vírus, em razão da alta mutabilidade genética. Dessa forma, chegou-se à conclusão de que se deve considerar conviver com as pragas, desde que sejam mantidas sob controle. Em alguns casos, o sucesso dessas ações é mensurado pela quantidade de indivíduos por metro quadrado plantado. Em outros é recomendada a manutenção de uma parte total da cultura, sem a aplicação de qualquer produto, para que o parasita possa ali se socorrer, concentrar e sobreviver, mas sem se alastrar, pois é impedido pelo entorno tratado.

Esse espaço de controle é denominado "refúgio", e representa de 15 a 20% do total plantado. A produtividade dessa área é muito menor que a tratada, mesmo assim algo é colhido em menor escala. Não tenha dúvida: se por algum motivo o controle for perdido, e o campo, ou mesmo o refúgio, for infestado pela praga, não haverá outro jeito senão promover um choque de tratamento para retomada do controle, caso contrário, a praga se alastrará para outros espaços e toda a produção de uma região poderá ser comprometida. A demora em tomar uma decisão mais radical poderá permitir um maior prejuízo e, muitas das vezes, chegar à última opção, a erradicação da própria colheita, junto com a praga.

Os exemplos que apresentei permitem várias analogias, desde que guardemos as devidas proporções. O modelo de avaliação de prontidão busca uma melhor visualização das características individuais, fundamentando-se em nossas qualidades socioemocionais e cognitivas e em sua conjugação, produzindo um comportamento peculiar que nos distingue. A interação entre os indivíduos detentores desses atributos produz a sinergia necessária ao atendimento de objetivos e interesses comuns do grupo social ou da organização a que pertencem. Assim, todos são importantes, pois podem contribuir e, como consequência, receber em retribuição.

A melhor analogia para entender essa proposição é tomarmos como exemplo o corpo humano, formado de células, tecidos, órgãos e sistemas. Cada célula é importante para os coletivos gerados a partir da interação entre elas, e cada uma cumpre seu papel dentro dos padrões que permitam a saúde do corpo, que, em retribuição, lhes proporcionará o necessário para sua continuidade. Assim, quanto mais contribuírem, mais vão receber. Entretanto, quando uma ou mais células deixam de cumprir sua função, ou passam a funcionar de forma danosa para o corpo, poderão adoecê-lo ou destruí-lo.

Reflita sobre seu estado de prontidão para determinada tarefa ou para sua missão. Para isso, identifique pelo menos três atributos socioafetivos e três cognitivos que você considera que constituem as principais características de aptidão e de determinação para se atingir os resultados desejados, como conhecimento da tarefa, atenção concentrada e capacidade decisória, bem como autocontrole, iniciativa e perseverança. Faça uma autocrítica e estabeleça uma nota de zero a dez para cada um deles. Calcule a média para cada um dos dois conjuntos e registre nos eixos cartesianos, conforme demonstrado nos gráficos das páginas anteriores. Projete os números dos eixos no plano e descubra o ponto de interseção. Verifique seu nível de prontidão e a qual subgrupo você pertence. Caso não se sinta satisfeito, analise em quais atributos você precisa se desenvolver, planeje como poderá se desenvolver, estabeleça metas para serem atingidas e em que tempo, e, por fim, coloque o plano em prática. Ao término desse ciclo de controle, refaça a análise e se reavalie.

Então, com o entendimento deste capítulo, a pergunta é: com qual perfil conseguiríamos montar uma equipe de alta performance?

SELEÇÃO RÍGIDA E TREINAMENTO DURO: COMBATE FÁCIL

Quem, então, seriam as pessoas geneticamente modificadas ou educadas desde a infância, como espartanos, para poder integrar o BOPE? Como elas seriam atraídas para a função e mantidas nela? Quais os processos capazes de preparar os selecionados para a execução de tarefas tão difíceis?

Como constatamos, o alto nível de maturidade socioafetiva e cognitiva constitui o principal fundamento das equipes de alto desempenho, onde a determinação e a aptidão são seus alicerces comportamentais e caracterizam a prontidão de cada uma para a tarefa. Atrair pessoas para atuar na adversidade significa transformar esses atributos em um chamado para a missão, por meio da percepção da relevância da tarefa, pela consciência dos riscos a serem assumidos e da autodeterminação para submissão aos processos com rigoroso nível de exigência. Por isso, o chamado deve conter a verdade direta, franca e transparente.

No Bope não poderia ser diferente, pois os voluntários deverão possuir atributos para enfrentar o pior cenário de segurança pública do país, em um ambiente diverso, ambíguo e turbulento, onde o risco de morte supera as condições de guerras localizadas pelo mundo afora, e o trabalho em equipe se torna algo fundamental para a sobrevivência. Cada candidato deverá possuir estrutura física e psicológica para suportar o recebimento de um treinamento que o habilite a tomar decisões no menor espaço de tempo, considerando, projetando, escolhendo e aplicando a melhor alternativa diante de preceitos legais, técnicos e emocionais, amparado por altos padrões de qualidade, assertividade e eficiência.

A principal porta de entrada para integrar o Bope é o Curso de Operações Especiais — COEsp. O pretendente deve atender às prescrições administrativas do curso: ser voluntário, ter mais de três anos de serviço na corporação e não estar respondendo a processo disciplinar ou judicial. O número de inscritos varia com o tempo entre dois cursos, ficando a média, nos dias atuais, em torno de 150 inscrições. Caso a inscrição seja aceita, características emocionais, cognitivas, sociais, clínicas e físicas serão avaliadas no processo seletivo, que envolve etapas eliminatórias entre entrevistas com psicólogos, exames médicos, pesquisa disciplinar e testes físicos.

A avalição psicológica tem por objetivo avaliar o perfil cognitivo e psíquico do candidato, diante do requerido para a atividade de operações especiais. Os exames clínicos visam identificar algum impedimento médico em razão das exigências físicas do curso e da atividade. A pesquisa disciplinar tem o objetivo de apurar algum fato ou desvio de comportamento, anterior ou posterior ao ingresso na Polícia Militar, que contraindique a participação do candidato no programa de treinamento e a consequente integração ao efetivo do Bope. E os testes físicos servem para mensurar a capacidade orgânica geral e específica, a partir de parâmetros considerados aceitáveis. Todo o processo é realizado pela equipe técnica do Centro de Recrutamento e Seleção da PMERJ, que publica a lista de aprovados.

Os candidatos aprovados são apresentados formalmente no Bope no período que antecede o início do COEsp, conhecido como "semana zero". Esse tempo é destinado às medidas administrativas, como registros pessoais, entrega de equipamentos e da lista de material a ser adquirido pelos futuros alunos, e reavaliação dos testes físicos. A reavaliação não possui o objetivo de colocar em dúvida a qualidade dos testes realizados durante o processo seletivo, mas sim de observar os alunos durante sua realização, pois é na condição de submissão ao estresse que alguns atributos poderão ser identificados. Foi nessa semana que realizei minhas entrevistas para avaliar a aptidão e determinação, além de produzir o modelo de avalição de prontidão.

Procura-se observar, durante os testes físicos, como o candidato, já aprovado, se comporta em relação aos seus próprios limites, gerenciando sua capacidade orgânica, como se relaciona com os demais, pela competitividade ou pela cooperação, e como reage diante do estresse físico e emocional. Acredita-se que essas condições permitam avaliar as atitudes individuais diante de determinados estímulos ambientais e, assim, chegar mais próximo da realidade. Nesse aspecto, o teste de flutuação no meio líquido se torna uma grande ferramenta. Os alunos, após uma bateria de outros testes físicos, são colocados em uma piscina de três metros de profundidade, para permanecerem em flutuação estática durante quinze minutos. Estarão, naturalmente, exaustos dos exercícios anteriores, e, mesmo assim, após o término do tempo previsto, deverão permanecer na água para realizar vários exercícios de flutuação.

Cada atividade não realizada no padrão determinado gera um acréscimo de tempo ao teste. Ordem unida com todos dentro da água, formação de figuras geométricas com mudança de posição dos candidatos na piscina, flutuação com diversos pesos e artefatos, aumentando o esforço de permanência na superfície e mergulhos ao fundo para resgatar objetos lançados pelos instrutores são práticas comuns. Após algum tempo, o esgotamento físico agrava o estresse psicológico, e a agonia e o pânico dominam vários integrantes, que fogem para as margens. Quando isso acontece, eles são reencaminhados para o meio da piscina, e mais tempo é acrescido ao exercício, podendo chegar a duas horas e meia de duração; até que alguns alunos acabam por desistir do programa. Por mais perverso que possa parecer, é nesse momento que se avalia a capacidade de cada indivíduo suportar a pressão de um ambiente hostil, de gerenciar seus limites, e de observar a maneira como coopera com os menos preparados.

Pensar em modelos de avalição ou dinâmicas semelhantes sendo aplicadas às atividades organizacionais reguladas pela legislação trabalhista, mesmo com as devidas ponderações, causa um desconforto natural. No mínimo, seria considerado tortura, assédio moral ou qualquer outra coisa que o valha. Esse pensamento se dá em razão da nossa cultura pautada em limites que ignoram as situações adversas que uma pessoa poderá encontrar na vida profissional. Contudo, deve-se lembrar que estamos falando de alta performance, e não de atividades de pouca exigência física e emocional, em que a normalidade é a regra. Não defendo que esse deva ser o modelo para todos, sem exceção, mas quero esclarecer que é ele que garante o comportamento mais adequado diante de cenários adversos, permitindo selecionar aqueles que demonstram estarem prontos para receber o treinamento e se tornar capazes de realizar as tarefas a eles destinadas.

Vamos a uma análise pormenorizada do exercício de flutuação. O meio líquido pode ser considerado um ambiente hostil, pois vivemos fora dele, mas, para nele sobrevivermos, precisamos estar preparados técnica e fisicamente, caso contrário não resistiremos por muito tempo. Não adianta conhecer a técnica de flutuação (a teoria) sem ter condição física de permanecer no ambiente líquido (a prática). Bem como não adianta ter técnica e condição física e não saber gerenciá-las, pois o uso excessivo e desnecessário de energia ou a adoção de uma técnica menos apurada poderá nos levar ao esgotamento prematuro, que, consequentemente, nos impedirá de finalizar a tarefa ou cumprir a missão, nos fazendo desistir ou afogar. Se substituirmos o meio líquido pelo ambiente de trabalho ou pelo mundo em que todos nós vivemos, poderemos extrair várias analogias do teste de flutuação, permitindo-nos concluir que adversidade, crise ou desconforto se transformam em condições que colocarão à prova nossa capacidade de sobreviver. Então, devemos estar prontos para enfrentá-los. Caso contrário, peça para sair ou nem tente.

O princípio do desconforto

No Bope o desconforto é estabelecido como princípio estratégico. A mudança constante de cenários, a necessidade de atendimento de demandas contínuas e a busca permanente de soluções para problemas intermináveis exigem superação, sucessivas tomadas de decisões assertivas e a implementação de ações com excelência e disciplina. Ambientes diversos, ambíguos e mutáveis constituem, assim, janelas de oportunidade para o desenvolvimento de métodos, técnicas e qualificação das respostas, bem como a preparação das pessoas para novos desafios, em razão do conhecimento gerado por situações críticas e pela necessidade de adaptação às mudanças. Reflita agora sobre como a normalidade é imobilizadora de mentes e corações, assim como sua ruptura tem a capacidade de estabelecer momentos transformadores de histórias individuais e coletivas, demarcando referências de "antes" e "depois". Por isso buscamos nas pessoas que voluntariamente participam dos processos seletivos para o Bope a determinação para suportar e tomar decisões em situações adversas, condição que será testada exaustivamente em nossos treinamentos.

Após a semana zero, inicia-se a capacitação: o Curso de Operações Especiais — COEsp. Trata-se de um programa de treinamento desenvolvido ao longo de 17 semanas, organizado por módulos de disciplinas e jornadas de atividades que duram de 24 horas até uma semana, ininterruptas. Todo o curso obedece a um planejamento que integra matérias e temas a serem ministrados, desenvolvido em ordem de complexidade e aplicabilidade. Tem como objetivo desenvolver conhecimentos e habilidades específicas às operações especiais, bem como avaliar o nível de retenção por meio de provas teóricas e práticas que, de tão exigentes, mantêm um índice de aproveitamento dos selecionados de menos de 40%. O curso começa com a "semana 1", ou, como chamada pelos alunos, "semana do inferno".

Se posso indicar a fase mais difícil do programa de treinamento do Bope, com certeza é a semana 1. Em minha pesquisa, concluí que esse período integra tacitamente o processo seletivo, em razão de concentrar quase 90% da quantidade de desistências. Funciona, na perspectiva antropológica do rito de passagem, como a fase de "separação", em que os alunos são apartados de sua realidade social pela perda de sua identidade, passando a ser chamados não mais pelo status militar e o nome de guerra, mas por um número que lhes é designado; todos têm as cabeças raspadas, usam uniformes e equipamentos exatamente iguais, sendo vedada qualquer distinção entre os iniciados. Assim, perdem todos os direitos e privilégios institucionais. Entretanto, tudo pode ser resgatado, retornando imediatamente à "normalidade", bastando "pedir pra sair", ou seja, deixar de ser voluntário e abandonar o curso.

Após a "aula inaugural", proferida pelo comandante do Bope nas dependências da unidade, os alunos são transportados para a base de instrução da semana 1, localizada às margens da Represa de Ribeirão das Lajes, no município de Piraí, alto da Serra das Araras, no Rio de Janeiro. O local é afastado de qualquer estrutura urbana, e toda a base é constituída de barracas de campanha. Essa fase ocorre no inverno, experimentando-se baixas temperaturas. Um terço do tempo desse período os alunos passarão dentro da represa em instruções na água, e o restante do tempo ficarão molhados. São planejadas vinte horas de treinamento por dia, durante os sete dias, e as quatro horas restantes resultam da soma do tempo de intervalos de cinco, dez ou quinze minutos, nos quais os alunos, obrigatoriamente, devem realizar a manutenção no armamento e equipamento, tratar dos ferimentos, secar as meias e se preparar para a próxima instrução. Se houver tempo, poderão até dormir.

Inicialmente, a primeira impressão que surge em nossas mentes é que se trata de abuso, absurdo ou desumanidade. Concordo com essa ideia quando utilizamos como referência ou comparamos as condições descritas às práticas correntes em outras atividades a que somos submetidos, com as quais nos habituamos confortavelmente e que estabeleceram nosso parâmetro de comportamento na mediocridade. Contudo, indago: e daí? Ninguém foi convidado para participar do curso, todos são voluntários, sabem o que é preciso para se preparar para as operações especiais, e, se houver alguma dúvida sobre o nível de exigência, algum receio quanto ao que acontecerá ou temor em relação àquilo a que serão submetidos, basta não se inscrever ou não se apresentar para as provas seletivas. Se mesmo assim insistirem e, em algum momento do curso, não quiserem se submeter aos abusos, absurdos e desumanidades, basta desistir e pedir para sair, é simples.

Todo o planejamento do programa de treinamento é amparado por um propósito relacionado à missão do Bope e à sobrevivência dos seus integrantes. Não se prepara alguém para a dura realidade das operações especiais, no Rio de Janeiro, assistindo a vídeos, lendo livros sobre técnicas de combate e debatendo comportamentos em encontros terapêuticos. Tudo isso é importante, contudo, se torna fundamental experimentar, vivenciar e sentir as condições próximas da realidade, para saber o quê e como fazer no momento de confrontá-la. É com a preparação dura que se diminuem os efeitos do estresse físico e mental, gerador de decisões equivocadas, aumentando assim a possibilidade de êxito.

Simplificação, padronização e automatização

A chamada semana "do inferno", que tem o objetivo de romper com os padrões confortáveis da mediocridade, inicia-se com o "batismo ritual". Trata-se da cerimônia de apresentação dos novos alunos aos caveiras veteranos e, tradicionalmente, ocorre à noite, na área de cerimônias da base de instrução, cercada de tochas acesas. Obedecendo a um ritual específico de apresentação, os neófitos adentram a área de formatura, em marcha corrida após cinco quilômetros de percurso, entoando cânticos militares. Esse procedimento é realizado repetidamente, até que o comandante avalie que os iniciados estejam demonstrando o empenho e o desempenho que a ocasião exige. Tudo e todos devem estar dentro de um padrão de alta qualidade.

Após cumprida a formalidade de ingresso na área ritual, os veteranos, perfilados no entorno do local, apresentam-se individualmente, declinando seu número de caveira, e convidam os iniciantes a uma série de exercícios específicos com dez repetições. A média de caveiras presentes chega a trinta, o que significa trezentas repetições. Posteriormente à apresentação, ocorre a socialização entre os que são e os que querem ser, onde se realiza uma das maiores pressões psicológicas a que já fui submetido. Os veteranos convidados mais os integrantes do Bope, reunidos em grupos de três ou quatro para cada aluno, realizam uma série de indagações e acometimentos contra os alunos, testando sua tenacidade e resiliência. Nessa cerimônia, pelo menos cinco alunos costumam desistir. Tudo pode ser visto no filme *Tropa de Elite*.

A partir do cerimonial de batismo, o programa de ensino é colocado em prática. Instruções práticas e teóricas são realizadas alternadamente, e avaliadas ao término de cada carga horária, até a finalização da jornada. Os alunos são levados ao limite físico e psicológico, passam a conviver com o frio, o sono e a exaustão. Para cada atividade há um rito específico[1]: inspeções de equipamento, hasteamento do pavilhão nacional, inspeção matinal, refeições, desligamento e sepultamento da identidade ritual de alunos desistentes, início e término de instrução etc. Tudo é ritualizado, por meio de vários checklists repetidos infinitamente, com o objetivo de desenvolver uma mente que se habitue a sequenciar de forma racional os procedimentos a partir de determinado objetivo, reduzindo o tempo e aumentando a qualidade do processo, como um algoritmo comportamental.

Todos os procedimentos devem ser estruturados por métodos que melhor organizem e aproveitem os meios, o espaço e o tempo disponíveis, passando a fazer parte do processo de tomada de decisão para tudo o que for realizado. Para isso, o Bope adotou uma doutrina que obedece a três princípios básicos: máximo desempenho, máxima segurança e mínimo esforço. Esse processo é denominado "3M", onde o máximo desempenho diz respeito ao padrão de excelência e resultado que deve determinar e orientar a execução de qualquer atividade; a máxima segurança é a consideração do emprego de táticas que reduzam os riscos para as pessoas; o mínimo esforço é a determinação da simplicidade como regra, para

---

1 Conforme já mencionado no Capítulo 4

que sejam empenhados os recursos, materiais e humanos, estritamente necessários à realização da tarefa sem desperdícios, mas que se obtenha o melhor desempenho com a máxima segurança. O teste de flutuação, como vimos, é um bom exemplo.

O método 3M é regulado pelas diretrizes algorítmicas da simplificação, padronização e automatização. O melhor jeito de explicar esse processo de operacionalização é o método empregado para tratar um problema a ser resolvido ou uma demanda a ser atendida. Inicia-se pela busca da visão do todo a ser considerado, seguido pela identificação e análise das partes essenciais, aquelas sem as quais ele não existiria, submetendo-as à avaliação de suas causas, relações e funções. A partir do quadro resultante, desdobram-se as estratégias e táticas de atuação, como uma síntese, projetando os possíveis resultados, escolhendo e aplicando a melhor alternativa, sendo aquela que deve incorporar a redução de meios ao mínimo necessário, com a máxima segurança para a obtenção do melhor desempenho.

A repetição sistemática desses métodos, amparados pelas diretrizes operacionais comentadas, resulta em uma aprendizagem que gera um comportamento peculiar, em tempo tão reduzido, que se aproximaria do ato reflexo. O exercício contínuo de um processo de tomada de decisão, a partir de um estímulo, que considera um fluxograma de alternativas desenvolvidas para atendê-las, e que interagem continuamente com o ambiente até a escolha e implementação da melhor opção, passa a ser uma habilidade do decisor. Essa capacidade pode ser desenvolvida ao longo de uma vida, ou de forma orientada em um curto espaço de tempo, pela submissão a condições adversas.

Trata-se, na essência, do emprego do método analítico, que, pela prática constante, transformada em ritos específicos, acaba por se incorporar naturalmente em nossas condutas. Adotar determinado comportamento será a consequência da instrução recebida, do treinamento repetitivo e exaustivo e da permanente avaliação dos resultados. Todo o processo se inicia com os mais simples procedimentos, que se desdobram para os mais complexos, ao longo do programa.

Espírito de corpo

Se a primeira semana coloca à prova os limites individuais, ela também serve para desenvolver o espírito de corpo, essencial para as demais fases do curso e um dos princípios do Bope. Cooperar para a realização da tarefa é um dos fundamentos das equipes de alta performance, e, para entender essa máxima, nada supera a estratégia de "sofrer junto". Em ambientes adversos, com graves restrições e alto nível de exigência física e mental, a tendência natural de integrantes de grupos submetidos a essas condições é o egocentrismo, pelo qual o comportamento observado é cada um querendo saber apenas de si, mesmo com o prejuízo do outro, estabelecendo o "império do eu".

Para reverter um cenário marcado pelo individualismo, várias instruções, na semana do inferno, objetivam o estabelecimento da cooperação e consolidação do *esprit de corps*. Todas as ações práticas são direcionadas para que os alunos trabalhem em equipe e se organizem em funções estruturadas, sendo orientado que sempre haja um revezamento entre elas para cada tarefa realizada, de forma que todos percebam a importância de cada ocupação e compreendam que não existe a de maior ou menor relevância, desde que contribuam para a melhor performance. O objetivo é promover o entendimento da importância do "nós" em detrimento do "eu", para conquistar os resultados. Contudo, as atividades que considero mais importantes para essa finalidade, pelo grau de exigência e de sacrifício individual, são as chamadas instruções táticas na água.

Essas instruções acontecem de forma rotineira, com o objetivo de desenvolver a adaptabilidade a um meio adverso, como relatado na prova de flutuação do processo seletivo. Entretanto, uma delas tem o objetivo principal de desenvolver o espírito de corpo, ocorrendo na madrugada do quarto dia da semana do inferno, por volta das quatro horas. Os alunos, já exaustos pela restrição de sono de três dias consecutivos e pela exigência física e psicológica das instruções, após terminarem uma instrução teórica na "barraca de aula", são conduzidos para o píer da represa, onde são convidados a adentrar as águas, em uma área iluminada por holofotes e cercada por um conjunto de botes dispostos em semicírculo, onde ficam os auxiliares de instrução especializados em salvamento. Próximo ao local permanece uma UTI móvel, com uma equipe de socorristas da Polícia Militar, que acompanha todo o curso. Aos alunos, imersos até o pescoço, é avisado que a instrução termina ao raiar do dia, para dar a dimensão do tempo que passarão nas águas gélidas da represa, de forma a poderem se planejar e se preparar para sobreviver.

Um instrutor ministra a aula sobre o píer, sentado em um banco ladeado por uma pequena mesa, onde permanece uma garrafa térmica com chocolate quente, que o manterá aquecido. Os alunos tentarão se manter atentos, pois a matéria será avaliada em prova escrita, e em movimento, para que seus corpos continuem produzindo o calor necessário para suportarem o ambiente de extremo desconforto, em razão do frio. Seguidamente, cada um dos alunos, segundo suas condições fisiológicas, entra em hipotermia, sendo retirado pelos auxiliares de instrução e levado aos socorristas, que avaliam os sinais vitais e o aquecem com cobertores térmicos. Após cinco ou dez minutos, recobrada a temperatura, o aluno é instado a decidir se pede desligamento do programa ou volta para a água. É a instrução que mais desliga alunos.

Pode parecer um abuso, absurdo ou desumanidade, e, como disse anteriormente, eu concordo. Mas, e daí? Essa instrução tem o objetivo de fazer com que cada um tenha a oportunidade de conhecer e testar seus limites e, sobretudo, sacrifique seu egoísmo, suas vaidades e seus preconceitos, reconhecendo o valor do outro, sendo capaz de cooperar a partir desse entendimento. Muito do que compreendemos como correto não se transforma em princípio para nossas atitudes por meio de um discurso convincente ou por uma fábula. Então, se faz necessário vivenciar determinada condição para que haja o despertar para uma nova realidade, onde nossas próprias experiências pessoais passem a servir como referência para nossas decisões futuras e influenciar as pessoas que nos cercam — nesse caso, produzindo o fenômeno conhecido como liderança.

Em meu Curso de Operações Especiais, submetido à instrução descrita acima, fui retirado três vezes da água, e três vezes voltei para ela. Um amigo que tinha sido meu cadete na antiga Escola de Formação de Oficiais e havia treinado comigo para o curso, o "03", tinha saído da água e retornado cinco, tornando-se minha referência de perseverança. Ele não reclamava, não deixava de fazer tudo o que podia para superar aquela condição e não desistia. Mas, na quinta vez que retornou, ele ficou ao meu lado. Foi quando percebi seu estado deplorável, muito magro, com profundas olheiras e tremendo muito. Em meu individualismo de autopreservação, não havia reparado o quanto ele estava alquebrado. Como se estivesse pedindo autorização, verbalizou que, da próxima vez que fosse retirado, não voltaria e abandonaria o curso.

Após algo em torno de quinze minutos, ele começou a se mover na água em direção ao píer. Bradei seu número e ele, resoluto, não se virou. O "03" era um camarada fenomenal, um dos melhores preparos físico do turno[2], com grande caráter e tecnicamente irreparável; sua saída seria uma grande perda. Fui atrás dele e, antes que saísse da

---

2 Termo usado para designar o grupo de alunos de um curso de operações especiais.

água, peguei-o pela parte de trás do colarinho do uniforme e o puxei de volta para água. A fim de que parasse de tremer, eu o abracei pelas costas. Não durou dez minutos até que comecei a tremer junto com ele, pois o calor que eu lhe transmitia começava a me fazer falta. Voltei-me para trás, visualizei o "18", tenente da PM de Pernambuco, um dos maiores alunos do turno, e o convoquei:

— Ô "18", abraça aqui, porra!

Ele envolveu a mim e ao "03", quando o "25" se aproximou, nadando, e pediu:

— "01", posso dar uma agarradinha também?

Todos os demais alunos seguiram o exemplo, e nós nos agrupamos em um grande abraço.

Estávamos, individualmente, produzindo muita energia para nos manter aquecidos, e o calor era consumido pela água fria, que nos exauria. Mas, quando nos agrupamos, passamos a gerar e a trocar calor entre nós. À medida que os alunos mais ao centro se aqueciam, substituíam quem estava mais exposto ao frio na periferia do grupo, o que ocorria continuamente, até que um dos colegas bradou:

— Vamos cantar a canção do Bope.

A vibração dos cânticos militares nos fez produzir mais calor, até que o "03" no centro do ajuntamento vociferou:

— Eu estou com calor, porra!

A partir daquele momento não havia mais posto ou graduação, etnia ou condição social. Deixou de existir vaidade, orgulho ou preconceito, pois passamos a formar uma equipe, onde todos eram importantes por não terem desistido e contribuído com os demais com o sacrifício pessoal e, por isso, recebendo em troca.

Um apito do instrutor nos chamou a atenção. Olhando para os primeiros raios do sol, que iluminavam o alto dos montes que cercavam a represa, ele declarou:

— Como foi dito, a instrução terminaria ao raiar do dia. Na fria escuridão da noite, os senhores entraram nestas águas como um bando de indivíduos, mas, na vitória da luz sobre as trevas, quando amanhece mais uma vez, apresenta-se uma equipe. Muitas noites os senhores enfrentarão, e somente as vencerão como um time, como um bando de irmãos. Saiam da água, pois agora começa o Curso de Operações Especiais.

A partir dessa instrução, tudo passa a funcionar de forma distinta. Todos estão determinados a fazer o melhor e cooperar, pois cada integrante conquistou seu lugar, nada lhe foi dado além do desafio em forma de oportunidade, de se colocar à prova e de superar seus próprios limites. Constatada essa condição, de estarmos entre os melhores, o aprendizado se processa de forma natural e rápida, pois todo o esforço dos protagonistas é direcionado para a alta performance, que, sinergicamente como uma equipe, busca sempre o melhor resultado, sem pretextos, reclamações ou adiamentos desnecessários.

Instruções como essas permitem a experimentação de restrições, que precisam ser sobrepujadas para se obter o melhor desempenho. O princípio da superação do desconforto pode ser visto em algumas cenas do filme *Tropa de Elite*, e todas foram baseadas em fatos reais. A mais emblemática é a que envolve o aluno 05, o Tenente Matias, interpretado pelo ator André Ramiro, quando adormece durante uma instrução na madrugada da semana do inferno. Ao perceber o sono do aluno, o capitão Nascimento, interpretado pelo ator Wagner Moura, entrega-lhe uma granada, retirando o pino de segurança:

— O senhor vai dormir, 05?

— Não, senhor! — responde o aluno.

— Pois se dormir o senhor vai deixar a granada cair. Se ela cair vai explodir o senhor, me explodir e explodir seus companheiros. Vai dormir, 05?

— Não, senhor!

— Então, todos confiamos no senhor.

O que poderia parecer tortura psicológica ou medida radical na verdade se trata de uma "ação pedagógica" para gerar aprendizagem a partir da resposta do aluno, que decidirá assumir a responsabilidade de continuar no processo, mantendo-se acordado, segurando a granada e garantindo a segurança de todos. Ou desistindo de continuar e pedindo para sair, abandonando o programa, caso acredite que não conseguirá superar aquela condição.

Controle rígido de desempenho

Terminada a "semana 1", tudo o que foi transmitido na forma de ritos ou métodos será aplicado nas atividades do curso e avaliado ao longo das 16 semanas seguintes. Essa fase, posterior à de separação do rito de passagem, é denominada "limem" ou "margem", onde, após o despertar, o iniciado começa sua preparação técnica e tática para o exercício das atividades previstas. Ao final do curso, cada integrante retorna remodelado e pronto para ser reintegrado à sociedade que deixou, portador de um novo status: o de especialista em operações especiais. Estará em condições de pertencer ao Bope, caso seja voluntário para servir, pronto para operar em situações de alto risco, seguindo os padrões de qualidade estabelecidos para melhor desempenho, máxima segurança e mínimo esforço.

Como já foi exposto, o desempenho no Bope obedece a uma sequência de algoritmos comportamentais que, incorporados em suas práticas, garantem a excelência operacional. Contudo, alguns deles não são originários de uma estruturação prévia, mas produto da socialização[3] da experiência pessoal dos instrutores, durante os interstícios das atividades de treinamento, que acabam se internalizando, pela confirmação ou ajustamento, no processo de avaliação de resultados alcançados, após serem empregados. Elas

---

3 Para compreender esse processo de produção e gestão do conhecimento, sugiro a leitura de: TAKEUSHI, H.; NONAKA, I. *Gestão do conhecimento*. São Paulo: Bookman, 2008.

compõem um forte traço cultural do batalhão e, muitas vezes, são mais representativas do que regras explicitadas em manuais.

Ao longo de minha pesquisa durante o Curso de Operações Especiais, identifiquei um importante conjunto de diretrizes ordenadas em sequência lógica que, obstinadamente, são apresentadas pelos instrutores como um mantra. São tão significativas para nós, operações especiais, que acabei por incorporá-las como princípios para minha própria vida pessoal e familiar desde que realizei o curso. Compartilhava com alunos de cursos no Bope quando lá servia, utilizei-o na capacitação de pessoas de outras instituições, aduzindo minhas experiências pessoais, e o empreguei na educação de meus próprios filhos.

Esse algoritmo pode ser assim explicado:

Aprenda: o saber não ocupa espaço.

Significa que todas as situações são oportunidades de aprendizado, como um desafio, o sucesso alcançado ou mesmo um fracasso. Nossa mente não é um HD de espaço limitado. O importante é o padrão de armazenamento ou método de aprendizagem, que permita o acesso ao conhecimento quando for necessária, sua aplicação e disseminação. Para esse fim, adotou-se o processo inspirado no ciclo de controle, mais conhecido como PDCA[4], por meio do qual o aprender é resultado do conhecimento gerado pela avaliação sistemática e contínua das ações de execução de tarefas ou alcance de metas, a partir da preparação proveniente de um plano que tem origem em um objetivo ou em uma missão a ser cumprida.

Aja: faça acontecer, não espere que aconteça.

Trata-se do protagonismo como estratégia comportamental para agir, antecipando os acontecimentos ou respondendo de for-

---

4 Sigla formada a partir dos termos *Plan, Do, Check, Act* ou *Adjust*. Também conhecido como Roda de Deming ou Ciclo de Shewhart.

ma eficaz às contingências. A interação da vontade e da aptidão, pelo conhecimento adquirido e desenvolvido na aprendizagem, nos torna prontos para agir.

Persevere: não reclame, não adie e não desista.

Reclamar diante de uma adversidade e transferir a responsabilidade de todos os males para outros significa produzir uma energia deletéria, típica da estratégia de vitimização — um protagonista não reclama. Adiar o que deve ser feito significa se omitir, esperando que o outro assuma a responsabilidade pela iniciativa. Além de permitir que o problema possa se agravar pela demora em tomar uma atitude, típica estratégia de figuração — um protagonista não adia. Desistir é antagônico ao protagonismo, pois quem persevera diante da dificuldade e age com qualidade porque aprendeu sempre influenciará os demais — um protagonista não desiste.

Lidere: seja um exemplo para os demais.

O modelo de liderança do Bope é fundamentado pelas três diretrizes anteriores, segundo as quais quem aprende e age com qualidade, e persevera diante da dificuldade, inspirando pessoas pelos seus valores e ações, fortalece o espírito de corpo pelo seu exemplo. Nessa condição, liderança não se relaciona com cargos de chefia, mas com a forma como cada um se relaciona com a missão a ser cumprida. Assim, como uma estrutura onde os componentes interagem, todos podem contribuir com seu exemplo e fortalecê-la.

Vença: tenha um propósito de vida, determine sua causa.

O esforço só tem sentido quando motivado por um objetivo relevante, e, quando se enfrenta uma adversidade, lutar não é opção; vencer, sim. Por isso a frase que inspira as equipes do Bope ao assumir o compromisso da missão: "Vá e vença!"

Essas cinco diretrizes estabelecem as bases da construção cultural do Bope. Cada uma se transforma em um indicador de desempenho individual e coletivo, sendo avaliada periodicamente a partir dos resultados obtidos e comportamentos observados durante as diversas operações em que as equipes são empregadas, bem como nas interações das atividades de rotina do batalhão. Esse sistema de mérito fortalece a crença nos valores institucionais que conduzem ao conceito de missão, permitindo o desenvolvimento e a consolidação da cultura de alta performance. Ignorá-las é criar as condições para o estabelecimento da mediocridade.

Para chegar ao padrão estabelecido para a alta performance, não posso deixar de reconhecer o valor do que se determinou como regra vitoriosa. Trata-se do nome dado à estrutura inspirada no ciclo de controle, por meio do qual o aprender é resultado do conhecimento gerado pela avaliação sistemática e contínua das ações de execução das tarefas, para alcance de metas, a partir da preparação originária de um plano, que se inicia com um objetivo ou com uma missão a ser cumprida. Considero esse processo um elemento fundamental para o desenvolvimento, o armazenamento, a disseminação e o uso do conhecimento no Bope.

O ciclo de controle foi estilizado, considerando que todas as ações devem partir do entendimento do motivo da missão. Somente um propósito, ou uma causa relevante, fará os integrantes de uma equipe se empenharem pela mobilização de sua vontade (determinação), para doar o melhor de sua capacidade profissional (aptidão). A missão gera a prontidão. Quando definida, desenvolve-se o plano, que considerará o cenário de atuação, avaliando as oportunidades e ameaças, bem como a capacidade de agir, pela avaliação de pontos fortes e vulnerabilidades. A formulação e a adoção de estratégias e táticas que desconsideram esses fatores, bem como as variáveis envolvidas, potencializam os riscos. Então, usa-se o método 3M.

A elaboração do planejamento pode durar dois meses, como também pode durar vinte minutos, pois é o sentido de urgência em agir que determina o tempo de entrar em ação, com todas as consequências geradas por essa restrição. Ela é sucedida pela fase de preparação, na qual os meios previstos serão mobilizados para a tarefa, e será dado conhecimento à equipe da missão e a atribuição de cada integrante, a partir do briefing da missão. Os planos gerados no Bope são, normalmente, abertos. Isso significa que qualquer um dos integrantes das equipes poderá fazer observações, esclarecer dúvidas ou propor alterações, o que é institucionalmente permitido, porque todos estão arriscando suas vidas, logo, têm o direito de opinar como profissionais que são.

A próxima fase é a da execução, na qual a regra é simples: cumpra a porra do plano! Neste momento, alguns leitores irão se escandalizar, mas vou explicar. A indisciplina se tornou um traço da cultura brasileira; o legal é desobedecer e desrespeitar as regras e não se submeter, bem como fazer a coisa de qualquer jeito, o "embrulha e manda", "deu para o gasto" ou "deu para passar". Se há alguma dúvida sobre isso, pense nas normas de trânsito de veículos, na forma como as pessoas dirigem, andando sempre na mão esquerda da via, independentemente da velocidade, não sinalizam as conversões e param de qualquer jeito nas vagas, impedindo a utilização da vaga ao lado. Pense na quantidade de lixo jogado nas ruas, na falta de respeito com os idosos e com as mulheres nos transportes coletivos e em outras tantas incivilidades que observamos diariamente. Se ainda restar alguma dúvida, veja a dificuldade que as pessoas têm para seguir uma dieta para emagrecer, procurando um jeitinho de burlar as recomendações — e depois imputar a culpa do fracasso na própria dieta.

"Cumprir a porra do plano" significa ter disciplina para seguir as prescrições e buscar, sempre, fazer o melhor. Caso haja alguma contingência durante a execução, deverá ser tratada como tal, adotando as medidas necessárias para adaptar o plano às novas circunstâncias, não perdendo o foco no objetivo a ser atingido. Os parâmetros limitadores sempre serão os meios disponíveis, as técnicas empregadas e as normas legais. Somente dessa forma, com disciplina e excelência, será possível, ao final da execução, avaliar os resultados, sendo esta a última fase da regra vitoriosa, quando ocorre o debriefing da missão.

Ao retornar às instalações do Bope, no mesmo local onde aconteceu o briefing, ocorrerá o debriefing. Se a operação terminar às duas horas da tarde ou às duas da manhã, a avaliação será realizada imediatamente após o regresso ao batalhão, não se permitindo que se protele a medida para o dia seguinte, ou que seja realizada somente após a última operação, quando há o acúmulo de atividades em um mesmo turno de serviço. Caso essa recomendação não seja observada, a memória após o sono guarda somente as ações positivas, perdendo-se informações importantes relacionadas aos erros identificados. O que se fez certo ou errado é fundamental para a reavaliação de estratégias, táticas e técnicas, gerando novos conhecimentos e possíveis mudanças.

A regra vitoriosa pode ser assim estruturada:

1. Defina a missão;
2. Planeje — estratégias e táticas;
3. Prepare — mobilize os recursos e a equipe;
4. Execute — disciplina e excelência;
5. Avalie os resultados — aprenda e ajuste.

Reflexão

Reconheço que os processos indicados neste capítulo podem estar muito além das possibilidades de algumas organizações. Vi vemos em um país que foi tomado por uma cultura, originária de um movimento de contracultura de anos atrás, que considera uma violação o fato de alguém se empenhar, fazer o melhor e atingir o alto desempenho, bem como desenvolver métodos e processos para obter tal comportamento. Se há alguma dúvida sobre essa afirmativa, basta comparar o desempenho escolar brasileiro com o de outros países, assim como analisar as decisões da justiça trabalhista em relação às medidas organizacionais que buscam a alta performance. Reconheço, entretanto, que abusos são cometidos, mas generalizá-los como se fossem a regra é consentir com a implantação do império da mediocridade.

Conheci, ao longo deste tempo ministrando palestras e consultorias, organizações que conseguiram se adaptar e desenvolver um ambiente de alta performance. Sofrem na justiça do trabalho e na convivência com as representações sindicais por esse motivo, mas estão entre as organizações mais competitivas do Brasil e do mundo em razão de seus resultados, gerando mais empregos e oportunidades para aqueles que acreditam nesse modelo e se dedicam de forma diferenciada. Exatamente durante a redação deste capítulo, fiz um trabalho com uma empresa que opera no ramo de transporte e distribuição de combustível no Brasil. Quatro anos antes realizei uma palestra para eles, no momento em que a administração dessa empresa desenvolvia um sistema para melhoria da qualidade das operações. Retornei agora para falar em um evento de comemoração pela conquista dos melhores indicadores do mercado na América Latina.

As ações envolviam mais de 35 empresas de transporte rodoviário e fluvial, cerca de 3.300 caminhões de transporte de combustível e mais de quatro mil motoristas. Conhecendo as diversas tecnologias de segurança adotadas, bem como os processos, protocolos, métodos de treinamento e de avaliação de desempenho, e também conversando com os administradores e empresários do setor, verifiquei que as ações partiram de pressupostos que fundamentaram as ações de gestão 360 graus. Avaliei como os mais importantes: 1) que não poderiam alcançar resultados significativos à custa de vidas humanas; 2) que os investimentos deveriam se concentrar em tecnologia de segurança, criação de protocolos comportamentais rígidos e treinamento dos operadores para gerar o alto desempenho; 3) que os processos deveriam incluir as famílias dos operadores.

Os principais resultados alcançados, de todo o processo de gestão, foram a redução drástica dos acidentes, a diminuição significativa das violações dos protocolos e o consequente aumento da produtividade. Os operadores que mais se destacaram foram premiados pelo alto desempenho em cerimônia de reconhecimento, com a presença de suas famílias. Mesmo com todas as dificuldades impostas por um ambiente onde o alto desempenho não é socialmente valorizado, pelo contrário, é constantemente criticado, existem formas de se adaptar e garantir que pessoas possam desenvolver seu potencial, a partir do despertar de suas consciências, passando a acreditar que são capazes.

Reflita sobre seus objetivos e propósitos de vida. Avalie se você dispõe de todo o conhecimento e todas as habilidades para alcançá-los, e o quanto você estaria disposto a sacrificar, como tempo de descanso e lazer, bem como de se submeter a processos de capacitação para adquirir as condições que permitiriam chegar aos resultados. Então, algumas questões devem ser consideradas: Qual o valor que aferimos para o alto desempenho? A que condições precisamos ser submetidos para o despertar? O quanto estamos dispostos a nos empenhar para atingir esse nível?

LIDERANÇA

A magna essência das equipes de alta performance.

Como estamos tratando de equipes de alta performance, precisamos lembrar de três fundamentos que as caracterizam: superação permanente de limites, trabalho coordenado de equipe e liderança. Em várias oportunidades neste livro, abordei o tema da liderança, que, como vimos no capítulo anterior, é uma das diretrizes comportamentais do Bope. Minha proposta, então, é apresentar algumas das proposições reconhecidas, por meio da validação do método científico, relativizando-as com o contexto histórico em que foram formuladas, com a cultura do batalhão e a de outras organizações, e identificar os fatores que podem interferir no empenho e desempenho das equipes.

Para falar sobre o tema, procurei adotar uma abordagem prática, evitando não ser redundante com tantas outras obras publicadas, por uma diversidade de especialistas que dedicam suas vidas a estudar a matéria, por meio das experiências de pessoas que se tornaram referências em suas atividades, expli cando seus sucessos ou fracassos pelas teorias. Para isso, precisamos compreender que, ao nos referirmos à liderança, estamos tratando de um fenômeno, portanto observável, que pode ser analisado a partir das dimensões que o compõem ou que nele interferem, para entender suas causas, relações e funções, tornando possível uma síntese em um conjunto de explicações (teoria), que podem ser utilizadas para esclarecer outras circunstâncias de mesma natureza.

Os estudos, em sua maioria, abordam a dimensão social, afetiva e cognitiva no desenvolvimento de pessoas, para o exercício de atividades em determinado contexto. Essencialmente, eles se amparam na identificação da natureza das causas do fenômeno, de seus desdobramentos até o atingimento dos objetivos, no comportamento e relações entre quem lidera e quem é liderado, e em atributos específicos do contexto motivador.

A história como referência

Reconhecendo que estamos tratando de um fenômeno entre pessoas, quero iniciar a discussão do fenômeno por seu aspecto antropológico. Para isso, precisamos retroceder no tempo. Tomando a teoria evolucionista e a paleoantropologia como referências, concluímos que somos o resultado de um processo evolutivo a partir de um ancestral, da ordem dos primatas, que surgiu em algum ponto há 13 milhões de anos. Os indivíduos daquela espécie viviam de forma solitária e independente, motivados pelo determinismo biológico da alimentação e procriação, que eram a causa dos encontros eventuais com outros da mesma espécie, para disputar os alimentos ou procriar. Habitavam as árvores, que produziam o sustento necessário, até que mudanças ambientais e climáticas promoveram a escassez de alimentos e aumento da disputa pelo que restava.

O imperativo instinto de sobrevivência fez com que algum indivíduo descesse da árvore e arriscasse sua segurança no solo, em uma incursão nas áreas próximas para obter alimentos. Talvez o primeiro a se aventurar tenha sido logo apanhado por algum predador, a alguns metros da árvore, o que fez os demais evitarem tal comportamento. Depois de algum tempo, pela necessidade que aumentava, um segundo indivíduo também desceu, embrenhou-se pelas savanas e serviu de alimento para outro predador, alguns metros mais longe da árvore do que o primeiro. Mais adiante, um terceiro foi predado, tendo ido mais longe ainda que os anteriores. Mas, com certeza, algum retornou alimentado ou trazendo comida.

Imagine os outros indivíduos, da própria árvore ou de outras no entorno, que assistiram a todo o desenrolar da trama. Se o bem-sucedido indivíduo fosse um macho da espécie, as fêmeas, instintivamente, procurariam garantir, com ele, suas chances de sobrevivência, pela evidente capacidade de alimentá-las e de gerar uma prole mais capacitada para sobreviver. Se fosse uma fêmea, sem dúvida, os outros machos a procurariam pelos mesmos motivos. A questão fundamental nesse contexto é que um único indivíduo, em algum momento da história, a partir de uma atitude para atender sua necessidade imperiosa de sobrevivência, acabou por gerar a mudança de comportamento de outros. Assim surgiu a liderança.

Inicialmente, esses primatas viviam isolados, mas a necessidade mútua, cada vez mais crescente, conduziu-os a conviver em grupos familiares, guiados por um macho ou fêmea alfa, que transmitiam suas experiências aos demais membros. Algumas espécies se extinguiram, mas aquelas que se adaptaram, em razão de adotarem melhores práticas, evoluíram até o aparecimento do gênero *Homo* — humano —, cerca de 2,4 milhões de anos atrás. O ponto de inflexão que demarcou esse novo gênero caracteriza-se pelos indícios de aptidão dos indivíduos para conhecer, compreender e aprender — inteligência —, demonstrados na habilidade de construir e usar ferramentas e, principalmente, compartilhar essa capacidade com os demais membros.

O que nos tornamos hoje, a partir do *Homo sapiens,* identifi cado há cerca de 200 mil anos, surgiu entre 100 e 60 mil anos. Já foi provado cientificamente que a evolução humana, como a de qualquer espécie, está diretamente relacionada com a capacidade de adaptação dos indivíduos às alterações do meio ambiente e de se relacionar entre si e com os outros grupos. Assim, devemos compreender o verbo "adaptar" no contexto evolutivo, ou seja, como a disposição a superar dificuldades, geradas pelas inevitáveis e constantes transformações ambientais, promovendo ajustes comportamentais a partir de modelos individuais.

Na essência, os indivíduos do gênero humano conseguiram sobreviver e evoluir em maior escala, a partir do momento em que passaram a conviver de forma organizada, em grupos direcionados a um ou mais propósitos específicos. Nessa organização, definida como sociedade, desenvolveram e compartilharam opiniões, crenças e costumes, por meio das interações contínuas uns com os outros e com o meio ambiente, modelando seu comportamento pelas atitudes e expectativas alheias, em um processo persistente de ação e reação, estabelecendo padrões capazes de serem transmitidos de uma geração para a outra.

Os aglomerados humanos foram fundamentais para o desenvolvimento desse padrão de pensar, sentir e agir. Da mesma forma que hoje, eles somente foram possíveis quando havia interesses comuns, capazes de integrar os indivíduos em seu entorno, como as necessidades de alimentação, segurança, pertencimento, afetividade etc. A civilização surge exatamente pela necessidade de alimentação, desdobrando-se nas demais. Antes, os nômades, caçadores e coletores, precisavam acompanhar as estações do ano para sobreviver, deslocando-se pelos vastos territórios dominados por predadores, até descobrirem que poderiam cultivar grãos nas margens férteis dos rios, após as cheias sazonais, e estocar alimentos colhidos.

Surgem, assim, as primeiras aldeias agrícolas, o armazenamento de alimento, a troca de produtos excedentes com outras aldeias e com caçadores, bem como o tempo disponível para poder observar e estudar os fenômenos naturais, para se dedicar às artes e para a disputa de território, bens e escravos com outros aglomerados. As aldeias evoluem para as cidades-estado e, posteriormente, para reinos. Nessa perspectiva, antes de qualquer teoria ser estabelecida, não faltam relatos escritos sobre a existência de figuras que foram fundamentais para suas coletividades, desde as primeiras civilizações da Mesopotâmia.

Pessoas cujos nomes entraram para a história em razão de seus feitos passaram a ser referência para outros, até os dias de hoje. Como descrito na primeira obra literária da humanidade, datada de 4.800 anos atrás, o épico *Gilgamesh*, que conta a saga do rei de Uruk, da antiga Suméria. Os registros históricos e bíblicos são permeados de nomes de personagens conhecidos, que lideraram seus povos em diferentes circunstâncias, como os patriarcas Abraão, Isaque e Jacó, os reis hebreus Saul e Davi, os reis babilônicos Nimrod, Hamurábi e Nabucodonosor II e o rei assírio Assurbanipal II. Todos, de alguma forma, lideraram seus povos, como Moisés. Sendo que um se transformou no modelo de comportamento para os homens: Jesus.

Questões éticas

Como demonstrei nos primeiros parágrafos, a liderança é um fenômeno associado à própria evolução humana. Não teríamos chegado aonde nos encontramos, em termos evolutivos, se não tivessem existido pessoas que, de alguma forma, influenciassem as demais com seu comportamento e ideias. Do mesmo modo, poderíamos estar em uma condição muito melhor, por ter alcançado um estágio evolutivo mais adiantado do que nos encontramos hoje. Se não nos encontramos nesse ponto mais favorável, isso pode significar que uma maioria, em algum momento da história da sociedade, passada ou recente, deixou-se influenciar por alguém ou por algumas pessoas, que nos levaram a algum tipo de restrição. Não há como saber, apenas supor.

Essa questão, relacionada à liderança, é fundamental para nossa compreensão. Tornou-se um tanto esquecida nos estudos realizados, que preferem tratar o tema como se ele só estivesse restrito às questões direcionadas ao bem, ou ao que é o certo por parâmetros que definem o que é o errado. Não faltam, na história, grupos de pessoas ou sociedades regionais e nacionais que foram influenciadas a fazer o mal, ou a ignorar o mal que era feito aos outros ou, ainda, a desconsiderar o mal que estava sendo feito contra elas próprias, em razão de uma causa supostamente relevante. Desconheço, nesse caso, qualquer líder ou liderança que tenham usado em seus discursos para a totalidade dos liderados a verdade como atributo da ação. Normalmente a realidade acaba sendo, estrategicamente, distorcida em favor dos objetivos, enganando ou permitindo que pessoas se enganem. Qualquer dúvida, basta uma breve análise de fatos recentes da história brasileira.

Dessa forma, precisamos compreender que também se lidera para o mal. Por essa razão, podemos encontrar em todos os capítulos deste livro exposições que nos levam a uma reflexão ética, pois não há como dissociá-la da liderança. Muitos pensadores e cientistas sociais acreditam que a moral é um constructo humano. Assim, o que pode ser moralmente correto em determinado momento poderá ser considerado errado em outro. Para compreender essa estrutura de raciocínio, basta uma digressão ao nosso passado recente, para verificar que determinados comportamentos, hoje condenáveis, eram aceitos pela sociedade, como a escravidão, a submissão da mulher ao homem, a morte por questões de honra — duelos — etc.

Embora concorde com as teses que relacionam a evolução dos hábitos e costumes aos valores morais, para caracterizar sua mutabilidade temporal, não posso desconsiderar os princípios que transcendem as questões de tempo. Refiro-me a leis universais, que independem do humor social em determinada época da história humana, e que permitem que a humanidade progrida em uma marcha inexorável para sua evolução, que é a manifestação de uma dessas leis — lei do progresso. Quando não são observadas, há um consequente desvio de trajetória, fazendo a sociedade se estagnar ou sucumbir por si mesma, iniciando um processo de autodestruição.

Para melhor entendimento, é necessário que haja uma reflexão sobre os pontos que irei expor, relacionados a essas leis universais. Estamos falando de leis naturais, que independem da construção humana idealizada, mas que se impõem como um imperativo ao homem, como a certeza de que tudo que se compõe irá se decompor um dia. No aspecto comportamental, inicialmente surgem na forma de instinto, como uma lei de conservação identificada pelos processos de alimentação, reprodução e autodefesa, como já descrevemos. Posteriormente, essa mesma lei passa a ser resultante de escolhas racionais, a partir do momento em que evoluímos de estágios rudimentares para mais complexos, qualificando nosso comportamento pelo que podemos chamar de razão.

Somos movidos pela necessidade inconsciente de nos organizarmos em grupos, criando a sinergia necessária para evoluir, pela lei de sociedade e a de progresso. São elas que impulsionam a humanidade para novas realidades, alcançáveis pela ação e pelo resultado do trabalho produtivo e contínuo, para atender às necessidades coletivas e individuais. Esse é o único meio de progredir e evoluir. Primeiro, por representar a ruptura consciente com a inércia da ociosidade de nossos primórdios, causada pela saciedade da fome e de sexo reprodutivo; segundo, pelo entendimento do trabalho como principal estratégia para desenvolvimento e evolução da mente e do corpo.

Se podemos reconhecer que somos impelidos por noções de justiça, liberdade e igualdade, podemos crer que existe uma força que nos motiva a refutar o que é contrário a esses fundamentos. A história nos tem mostrado que mesmo as pessoas que nascem cativas, em algum momento de suas vidas, aflorarão sentimentos para sua libertação, com tamanha força que qualquer retrocesso em sua trajetória de busca se tornará impossível. Da mesma forma ocorre com o desejo de justiça e igualdade, pois são valores associados à evolução humana. Quanto mais progredimos moralmente, mais intensos eles se apresentam em nossa consciência.

Existe uma lei, reconhecida cientificamente, que quero considerar para relacionar às outras. Trata-se da lei de causalidade, de causa e efeito ou de ação e reação. Para isso, precisamos transcender as questões físicas a que naturalmente o tema nos reporta, e aplicar seus princípios às questões morais de que estamos tratando, pela analogia. Em minha opinião ela se estabelece como um elemento regulador de todas as demais leis, por estabelecer os freios e balanços morais necessários para a convivência com o outro. Trata-se de um postulado comportamental registrado em nossas consciências, que nos permite entender e definir o que é certo ou errado.

Quando uma mente saudável decide por um determinado comportamento, logo, resultado de um processo racional de escolha, intimamente o indivíduo sabe se estará amparado pelos pressupostos que o definem como certo ou, ao contrário, como errado. Embora possamos acreditar que esse sentido moral é definido socialmente, na verdade a lei de causa e efeito é que irá determinar tal condição, pois a ação resultará em uma consequência natural. Caso a ação produza um bem, este poderá ser distribuído e retribuído de alguma forma. No caso da produção do mal, a retribuição poderá ser proporcional ou ampliada de acordo com a extensão e a abrangência da ação.

Embora reconheça que a lei de causalidade está distante de uma relação cartesiana, mesmo porque as consequências de uma ação podem retornar de forma distinta da ação que a produziu, temos em nosso íntimo a noção de que fizemos o certo ou o errado, como um algoritmo moral implantado de fábrica. Os costumes da sociedade, na verdade, se amparam nessa lei natural, como todas as demais descritas. Assim, podemos concluir que elas não foram criadas nem passaram a existir de um momento para o outro: elas simplesmente foram e são identificadas — se preferirmos podemos dizer descobertas — pela observação em suas diversas manifestações. Elas orientam nosso comportamento e, por isso, inspiram as demais pessoas a seguir o mesmo caminho.

Outros aspectos da liderança

Somos impulsionados por nossas crenças, boa parte delas construídas pelo senso crítico e outra pelo senso vulgar ou comum, e ambos são importantes. Contudo, o senso comum acaba produzindo equívocos, como relacionar a liderança moralmente reprovável com o que se denomina liderança negativa. Na verdade, essa categoria é utilizada por vários autores quando fazem referência a uma forma de liderança que produz o desestímulo dos liderados, pelo emprego de meios que contrariariam formas reconhecidas de relações saudáveis, como o uso da coerção, intimidação e imposição, que impedem ou restringem o alcance dos objetivos pela equipe. Essa condição é mais próxima do que também se denomina "líder tirano".

Há uma incoerência categórica no entendimento do que observamos acima. Primeiro, a negação significa exclusão, ausência ou desfavor. Então, se quem deveria influenciar precisar coagir, intimidar ou tiranizar, não será um líder, pois não exerceria a liderança. Embora esteja correto semanticamente, ele causa um conflito comum quando confrontado com o que se denomina liderança positiva, levando as pessoas a considerar os aspectos morais do fenômeno. Segundo, há uma tendência natural a determinar o líder negativo como um chefe, aquele que não exerce influência, mas que detém a capacidade de se impor pela força regulamentar, ou tirania. Na realidade, esse raciocínio desqualifica a ação de chefia, pois a relaciona a métodos reprováveis de gestão de pessoas, ou alega que a chefia só seria efetiva e eficiente se tais práticas fossem empregadas. O que é um absurdo.

Dessa forma, torna-se necessário aprofundar o tema, para que se desconstruam alguns mitos, desenvolvidos pelo senso comum. Nesse sentido, precisamos entender que o pressuposto da liderança é a autoridade, que, segundo Weber, é legitimada pelo reconhecimento das pessoas de que alguém, ou alguma instituição, possui a capacidade de exercer o poder ou domínio sobre elas. Esse processo de legitimação é resultante das características dos grupos sociais sobre os quais o poder será exercido, gerando formas distintas de autoridade. Max Weber[1] apresentou os modelos clássicos de autoridade, e as formas como as relações se estabelecem em cada um.

Autoridade tradicional é aquela legitimada pelas tradições e pelos costumes, na qual se estabelece uma relação personalista e patrimonialista entre senhor e súditos, muito comum em sociedades patriarcais e conservadoras. Autoridade carismática é aquela apoiada na devoção a um senhor por seus atributos caris-

---

1 WEBER, Max. *Vida e obra*. São Paulo: Nova Cultural, 2005 (Col. Os Pensadores).

máticos, na qual a influência só é possível devido a qualidades pessoais, como heroísmo, poder intelectual ou de oratória, sendo transformado em santo, salvador ou exemplo de vida, muito comum em partidos políticos radicais e populistas. Por fim, a autoridade racional-legal, ou burocrática, origina-se de regras, estatutos e leis sancionadas pela sociedade ou organização, que definem as relações e limites, tornando possível a aceitação pelo direito de alguém dar ordens e, assim, ser obedecido.

Sobre essas estruturas weberianas, as teorias de liderança foram desenvolvidas, a partir do final do século XIX, e reformuladas seguidamente em razão do reconhecimento da necessidade de aprofundamento das questões relacionadas a gestão, pessoas, equipes e instituições. Cada uma foi sendo sucedida ou complementada por outra, em razão do aprofundamento dos estudos, da adoção de novas abordagens, metodologias e pensamentos, da verificação de incongruências da teoria anterior e da necessidade de acompanhamento de um mundo em constante evolução.

A primeira delas, a Teoria das Características ou dos Traços[2], foi de grande importância por ter sido a precursora do estudo do tema, estabelecendo os primeiros postulados, mas consolidou no senso comum, até os dias de hoje, que ser líder é um atributo inato; assim, por mais que alguém pudesse aprender e aplicar determinadas técnicas de gestão, não conseguiria influenciar o comportamento dos demais. Foi seguida pelas Teorias Comportamentais, que mudaram o foco dos traços de personalidade para o comportamento dos líderes a partir da sua orientação para as pessoas (equipe) e para a tarefa (produção). As pesquisas, nesses estudos, consideravam a visão e a conduta de quem liderava

---

2 Para saber mais, sugiro a leitura de: SCHERMERHORN, John; HUNT, James; OSBORN, Richard. *Fundamentos de comportamento organizacional*. Porto Alegre: Bookman, 1999.

e daqueles que eram liderados, confrontando-as com os resultados que cada perspectiva obtinha.

As Teorias de Contingenciais Situacionais, desenvolvidas a partir dos anos 1960, resultaram de estudos de diversos pesquisadores que, *grosso modo*, passaram a considerar que os traços e os comportamentos do líder atuavam juntamente com as contingências para determinar os resultados. Os estudos desenvolvidos dentro dessa dimensão analisavam aspectos relacionados ao líder — competência, habilidades e experiência —, os estilos de liderança e sua adequação às exigências situacionais, em consonância com as características dos liderados — sua disposição para agir. O foco era o conjunto composto pelos líderes, os liderados e as circunstâncias que a relação ocorria.

Das teorias mais recentes, entenda-se do século passado, a da Atribuição ou Nova Liderança passou a analisar as causas geradoras dos comportamentos, as responsabilidades e a qualidades das pessoas, os resultados obtidos. A partir da visão dos líderes e dos liderados, seria possível atribuir o sucesso ou o fracasso à capacidade, ou à falta dela, por parte dos envolvidos. Essa proposição permite estabelecer um modelo mental ideal, ou arquétipo, do que se deveria esperar de um ou de outro — do líder e do liderado. Os estudos posteriores passaram a adotar outras abordagens, como a importância do carisma nas relações, em razão dos profundos efeitos e resultados que alcançavam nos seguidores, da necessidade de poder dos líderes e da convicção de sua eficácia e da moralidade de suas crenças e virtudes. A efetividade do carisma se manifestava, principalmente, nos momentos de crise, e é fundamentada em dois aspectos de liderança: os líderes carismáticos negativos — *dark side* —, que focalizam o poder em sua personalidade, e os carismáticos positivos — *bright side* —, que socializam e delegam o poder. Podemos estabelecer exemplos por nós mesmos, bastando avaliar a história recente.

Outras abordagens para a compreensão das relações, como a transacional, identificaram o emprego da estratégia de troca permanente entre líderes e liderados, para o alcance dos objetivos nas rotinas de trabalho. Embora sempre tenham sido usadas na história da sociedade, por vezes suscitam críticas pelo fato de serem consideradas uma relação mercantilista ou mercenária. Na verdade, elas acabam por reconhecer o atendimento de algumas necessidades humanas, como a sensação de pertencimento, reconhecimento e recompensa para obter o empenho necessário ao resultado. Assim, atendidas essas expectativas, as pessoas estarão motivadas para a ação.

Por fim, os estudos com a abordagem denominada transformacional procuraram ir além das rotinas. As pesquisas com essas perspectivas identificaram ações originadas pelas lideranças, com o objetivo de elevar e ampliar os interesses de seus liderados, a partir da conscientização e da aceitação do propósito e da missão do grupo, fazendo-os descobrir outros valores, como o benefício do autodesenvolvimento, da superação de limites individuais e, principalmente, do bem produzido para outras pessoas. Essa abordagem verificou que os líderes que demonstravam tal capacidade mobilizadora possuíam um nível cognitivo e afetivo maior do que aqueles que usavam outros meios de exercer o poder sobre os liderados. Da mesma forma, os liderados capazes de ir além do esperado, detinham um nível de maturidade ou prontidão maior do que aqueles analisados por outros parâmetros comportamentais.

Especificamente, nessa abordagem, foram identificadas quatro dimensões. A primeira foi o carisma dos líderes para mobilizar os liderados para a ação, mantendo a continuidade da influência pela caraterística do *bright side*. A segunda é a propensão inspiradora de suas formas de comunicação, propagando ideias de valor, utilização de símbolos de grande significado e do fazer juntos, a partir de seus próprios exemplos. A terceira é o estímulo intelectual, fomentando o desenvolvimento cognitivo dos demais integrantes da equipe, como forma de autodesenvolvimento e aprimoramento qualitativo das ações. A quarta é a consideração pessoal do líder para com cada um de seus liderados, quase que personalizando a forma de tratamento, como um assessoramento profissional.

As teorias na prática

Todas as teorias acima, explicadas de forma sintética, representam tentativas de melhor conhecer a liderança, a partir da observação do fenômeno, e sua sistematização em preceitos. Nenhuma teoria se apresentou como solução de problemas de gestão de pessoas, ou recomendou algo. Elas apenas explicam as características observadas que deram certo para alcançar resultados em determinado momento da história. Dessa forma, seguiram e aplicaram o desenvolvimento do conhecimento em outras áreas do saber, como psicologia, sociologia e administração.

No meu modesto entendimento, boa parte das teorias estabeleceu seu campo de pesquisa nas relações do cotidiano ou de rotinas de trabalho. Desse modo, o foco dos estudos se fixou em um grupo específico de liderados, com características apresentadas pelos G2[3]. A partir da identificação das alterações do estado de normalidade a que o mundo foi submetido ao longo da história, algumas dimensões passaram a ser consideradas, como o comportamento individual e coletivo dos grupos sociais diante da adversidade. Passaram a valorizar os atributos pertinentes aos G1 e aos G2 diante de situações específicas fora da rotina.

De uma forma interessante, quando boa parte dos estudos analisa os liderados que atuam na contrariedade dos objetivos da própria coletividade ou equipe, as ações dos líderes sobre eles

---

3 Para melhor entendimento, consulte o Capítulo 4.

são sempre referenciadas como diretivas, autocráticas ou tirânicas. As recomendações para ser um bom líder seriam materializadas em frases inspiradoras como: "elogiar em público e corrigir no particular"; ou que "sábio é aquele que orienta sem ofender e ensina sem humilhar". Sou totalmente favorável aos princípios contidos nessas proposições, aplicáveis em circunstâncias peculiares como a rotina de uma equipe de uma fábrica ou escritório, na avaliação do desempenho após um ciclo de atividades, no cotidiano de uma sala de aula ou na meditação de monges tibetanos.

Em situações reais, durante atividades com tempo reduzido para a tomada de decisões e de implementação de ações, ou naquelas que requerem alto desempenho em circunstâncias adversas, não há como esperar tempo e local para orientar, no particular, um bisonho ou um exasperado em razão da merda que fez, que estava por fazer, ou ainda, que permitiu ocorrer porque deixou de fazer algo que era de sua responsabilidade. Da mesma forma, deixar de promover uma ação corretiva — portanto educativa — no tempo certo, como nessas condições específicas, pode ser entendido pelos demais integrantes da equipe como se erros fossem algo aceitável, que pode ser cometido por todos, ou que o líder é por demais permissivo ou inapto para conduzir a equipe nessas condições.

Aceitar sem relativizar as recomendações dogmáticas da frase citada seria reconhecer que nunca haverá líderes em situações adversas, ou que quem esteja à frente das equipes que atuam nessas condições nunca será considerado um sábio. Se um líder sente prazer em ofender ou humilhar alguém, ele não é um líder e nem se trata de falta de sabedoria, mas de alguém que precisa de tratamento, bem como aquele que o colocou nessa posição. Assim, não podemos desconsiderar as circunstâncias que envolvem um determinado comportamento e o que é necessário fazer para que pessoas ou toda a equipe não paguem o preço pela falta ou erro de um integrante, que precisa ser imediatamente corrigido ou orientado. Se há alguma dúvida sobre isso, tente explicar estes dogmas para o melhor técnico de vôlei do mundo: Bernardinho.

Tomando o sentido oposto da visão inicial, determinada pela frase apresentada acima, precisamos identificar os atributos do liderado. Se um integrante de uma equipe de alta performance se sentir ofendido ou humilhado em determinada circunstância, não compreendendo o papel do líder naquele momento, ou não tendo a autocrítica necessária para saber que errou e por que foi corrigido daquela forma, inapropriada para condições de tranquilidade rotineira, ele precisa se convencer de que está no lugar errado: peça para sair! Vá buscar a felicidade em outro lugar. Entretanto, concordo que as últimas gerações não foram preparadas para situações críticas e adversas, tendendo a se comportar como "bolhas de sabão" quando tocadas.

Esse comportamento de extrema sensibilidade emocional me lembra um trabalho que realizei para uma grande empresa brasileira, onde os executivos se mostraram preocupados com o conceito do "pede pra sair". Expliquei os motivos que fazem essa forma de expressão parte da cultura do Bope: como uma tática que busca efeito reverso, tornando-se um desafio a ser superado para alguns (protagonistas) ou coação ou humilhação para outros (vítimas). Mesmo assim, fiquei curioso para conhecer a cultura da empresa, então fiz alguns questionamentos, recebendo respostas interessantes:

— Vocês trabalham com metas neste setor da empresa?

— Sim, todos aqui possuem metas de desempenho.

— Ótimo! Então, o que vocês fazem quando alguém não consegue atingir a meta?

— Nós chamamos o colaborador, realizamos um feedback e acertamos novas metas.

— Perfeito, parabéns! Se esse colaborador não alcança as novas metas, o que vocês fazem?

— Nós chamamos novamente, realizamos novo feedback e reavaliamos as metas.

— Excepcional! Digamos que esse colaborador não as alcance novamente. O que vocês fazem?

— Bem, nós transferimos o colaborador de setor.

— Fantástico! Agora me responda: Qual o nome do setor em que vocês reúnem os infelizes porque estão na profissão errada? Onde é o refúgio daqueles que não querem porra nenhuma? Vocês não acham que estão prejudicando essas pessoas, mais do que querendo ajudá-las?

É lógico que minha forma de pensar pode parecer radical. E daí? Estou falando de pessoas que sabem o que querem fazer, aonde e como querem chegar. Sabem que estão em busca do alto desempenho, e, nesse caso, sacrifícios acima da mediocridade serão necessários, pois elas não estão atrás de um local para se encostar, mas de um lugar para contribuir com seu melhor, e por isso se tornam exemplos, modelos ou arquétipos, portanto, líderes. Em razão de um mundo onde as mudanças ocorrem na velocidade da tecnologia, onde os cenários se mostram cada vez mais ambíguos e adversos, os estudos sobre liderança devem se redirecionar para essas questões.

O ponto comum entre o Bope e as organizações que conheci e que considero de alta performance é a liderança. Não estou me restringindo à liderança do nível estratégico que, sem dúvida, é fundamental. Estou falando das pessoas e dos desafios que enfrentam, da forma como se relacionam com a missão, interagem entre si e como esse comportamento influencia na cultura do grupo. O comprometimento sempre será avaliado não na rotina, onde todos podem ser bons, bastando cumpri-la, mas na adversidade.

Em janeiro de 2011 o estado do Rio de Janeiro sofreu um dos piores temporais de sua história. A região serrana foi devastada, ceifando a vida de quase mil pessoas e desabrigando quase quarenta mil. A capital ficou sitiada pelos alagamentos, impedindo que milhares de pessoas chegassem ao trabalho, inclusive as forças públicas que deveriam ajudar na tragédia da serra. Não havia nenhuma tropa do Corpo de Bombeiros e da Defesa Civil em situação de deslocamento para ajudar no socorro às vítimas, pelo fato de seus integrantes não conseguirem sair de suas casas ou de seus bairros para chegar às suas unidades. Da mesma forma ocorreu com a Polícia Militar.

Contudo, às oito da manhã desse fatídico dia, o comandante-geral da PM recebeu uma ligação do comandante do Bope informando que sua tropa estava pronta para subir a serra; bastaria a ordem. Homens, equipamento de socorro, viaturas e tratores do Bope estavam formados em coluna de comboio, e de prontidão. As primeiras fotos do socorro perpetradas por forças de apoio eram de policiais do Bope carregando crianças em meio à lama. Seus tratores, usados para romper barricadas montadas por traficantes nas favelas, agora abriam passagem pelas ruas de Nova Friburgo tomadas de detritos. Perguntado se aquela era a missão do Bope, o comandante respondeu que sua missão era preservar a vida das pessoas, onde e em qualquer situação em que elas corressem perigo. Como esses policiais conseguiram chegar ao batalhão, situado em Laranjeiras, quando a maioria residia nos bairros mais prejudicados da periferia da cidade?

As histórias individuais de cada integrante do Bope naquele dia, para vencer seus obstáculos, caberiam em uma saga. Ao constatarem as fortes chuvas, que haviam começado na noite anterior, e projetarem as consequências na cidade, a maioria dos integrantes do Bope acordou mais cedo e saiu de suas casas, ainda na alta madrugada, rumo ao batalhão. Muitos tiveram de avançar sobre alagamentos e árvores derrubadas nas ruas de seus domicílios ou na saída de seus bairros. Na zona oeste, alguns membros pegaram carona em veículos de tração, carroças, carrocerias de caminhões, até as vias principais de ligação entre os bairros. Outros fizeram baldeação em pontos de alagamento, tendo de percorrer grandes extensões até as partes mais altas das vias, para pegar carona com veículos que ainda trafegavam. Tudo concorria para ficarem em casa ou desistirem de continuar, e, mesmo assim, no horário de início do expediente, todos estavam lá, prontos.

Ao lerem o breve relato acima, alguns leitores poderão argumentar que os policiais não fizeram mais que a obrigação. Concordo com essa proposição, contudo, preciso esclarecer que a obrigação não é aquela prevista nos regulamentos, nas normas disciplinares ou a submissão às ordens superiores, por medo das consequências. Trata-se daquela obrigação que está assentada em nossa consciência, definindo o que é certo e o que é errado, do compromisso autoimposto, que tem referência na missão e na equipe a que pertence, da vontade de sobrepujar as dificuldades em razão do que isso pode representar para alguém que nem sabe que você existe.

Reflexão

Não tenho dúvida de que muitos poderão pensar que o comportamento dos integrantes do Bope representa algo fora do normal. Concordo com esse raciocínio, pois estou falando de alto desempenho em uma sociedade preparada para a normalidade da mediocridade. Contudo, não são poucos os exemplos de atitudes semelhantes que ocorrem todos os dias, e que passam despercebidas para os mais desatentos. Refiro-me aos detalhes que fazem a diferença e que nos chamam a atenção por promover uma inflexão na rotina, mas que nos inspiram, como a educação de um taxista, o zelo de um faxineiro, de um banheiro em um shopping, a gentileza de um porteiro ou a honestidade de uma caixa de supermercado. Em um país caracterizado por mal-educados, desleixados, grosseiros e desonestos, pequenas atitudes contrariando esse entendimento mostram que nem tudo está perdido, pois todos os fatos que narrei acima eu constatei na semana em que escrevi este capítulo.

Não há como entender as equipes de alta performance sem considerar as pessoas que as integram e as formas como as relações ocorrem entre elas. A influência recíproca entre indivíduos de um grupo em situações de rotina e, principalmente, nos momentos adversos deve ser considerada um fenômeno observável, dotado de representações que explicam como conseguem, coletivamente, atingir seus objetivos, ou como fracassam nesse processo, bem como com quais padrões éticos de comportamento podem ser avaliados. Justificar violações morais pela relevância dos objetivos e da missão é desqualificar todas as ações meritórias daqueles que conseguiram cumprir sua missão sem ter de se corromper.

Os dilemas constantes que vivenciamos em nossas rotinas diárias devem ser amparados pelos valores moralmente aceitos, pois somente eles garantem a qualidade ética da decisão tomada. O exemplo que comentei acima, sobre a empresa que adotava uma política de gestão de pessoas gerando oportunidades para aqueles que não conseguiam cumprir suas metas, pode nos levar a acreditar que a organização está buscando corrigir um erro social pela falta de oportunidades e de preparação das pessoas que, possivelmente, lhe faltaram no início de suas vidas. Mas a política adotada acabava por tratar desigualmente as pessoas, pois, deixando de adotar uma ação de orientação mais assertiva sobre quem não fez sua parte, tendo condições para isso, ela estaria punindo quem fez a sua.

Não resta nenhuma dúvida de que vivemos em um país desigual, onde a diferença começa no ponto de partida de nossas vidas, principalmente nas classes sociais desfavorecidas, agravando-se quando chegamos no momento de provar sermos merecedores de um lugar em alguma estrutura produtiva. Mas, até que nossa sociedade possa evoluir e universalizar as oportunidades, acredito que cada um tenha o potencial de fazer o "seu" melhor, por mais difíceis e estéreis que as condições possam ter sido ao longo de nossa jornada pessoal. Reconheço que grande energia deve ser mobilizada para uma atitude protagonista como essa, mas, se assim não fosse, o Bope não existiria, pois a maioria tem origem nas classes mais humildes, assim como tantas outras equipes de alta performance.

Quem teria mais méritos para um cargo ou uma função qualquer, aquele que teve todas as facilidades ou aquele que superou todas as dificuldades? Quem tem mais oportunidades de aprender, aquele que ultrapassou diversos obstáculos ou aquele que sempre encontrou o caminho livre? Quem nos inspiraria para um ideal, aquele que diante de dilemas morais se mantém firme em seus princípios ou aquele que se ajusta às condições ou benefícios casuais? Com quem você gostaria de trabalhar, aquele que fala a verdade ou aquele que engana? Quem você seguiria em uma jornada para atingimento de objetivos, aquele que é ou aquele que diz ser?

Podemos, assim, concluir que a falta de oportunidade também é, na verdade, uma oportunidade de exercitarmos nossa perseverança na superação de dificuldades e de grande aprendizagem pela vivência pessoal da adversidade. Essa condição possibilita o desenvolvimento e a escolha de alternativas comportamentais que definem nossa atitude e o papel que desempenharemos em nossa própria história de vida: vítima, figurante ou protagonista. A escolha é livre, mas somente uma alternativa é capaz de inspirar pessoas. Eis a essência magna para a liderança.

Então, o que você está fazendo para liderar?

DESFECHO

Então, o que são tropas de elite? Quais os impedimentos culturais que nos impossibilitam de desenvolvê-las ou fazer parte delas? Como poderíamos romper essa cultura de mediocridade para transformar o Brasil em um país de alto desempenho?

A experiência que compartilhei, no primeiro capítulo, realizada na seleção e preparação da equipe de produção do filme *Tropa de Elite*, foi uma oportunidade de aplicar os princípios e conceitos que orientam as equipes de alta performance, como no próprio Bope, guardando as devidas proporções. Devo esclarecer que os processos e métodos apresentados neste livro não constituem receitas prontas, que podem ser adotadas em qualquer circunstância, desconsiderando objetivos, a vontade das pessoas de participar da equipe e as estruturas legais que regulam as relações em sociedade.

Como apresentei na precursão deste livro, não tenho o objetivo de proclamar e me apoderar de verdades. Minha proposta foi proporcionar uma reflexão sobre as condições sociais e culturais que promoveram as formas de pensar, sentir e agir de nossa sociedade, contrastando com as mesmas formas das equipes de alto desempenho, permitindo-nos concluir o quanto estamos culturalmente distantes delas e que esse hiato se deve às aspirações inconfessáveis de segmentos da nossa própria sociedade, que insistem em nos impor um modelo que nos têm mantido na mediocridade moral, intelectual e material. Sobretudo, espero ter deixado claro que existem alternativas que nos permitem reformular nossa jornada.

Se consegui comprovar a existência de diferenças comportamentais entre o que presenciamos na normalidade mediana da sociedade e os integrantes das equipes de alta performance, estamos aptos para entender a razão desse distanciamento. Não há como desconsiderar que nosso comportamento é resultante das crenças, dos costumes e do conhecimento que adquirimos nas interações sociais, ao longo de nossas vidas, e que caracterizam nossa cultura. Os valores e princípios, sociais e pessoais, que funcionam como freios e balanços morais, ampararam nossas decisões e orientam nossas práticas permitindo, por fim, serem avaliadas como certas ou erradas, a partir de um senso moral ou ético. Assim, nossos atributos cognitivos, afetivos e sociais se desenvolvem por meio da educação familiar, escolar e profissional.

Educação

Nessa perspectiva educacional, a principal instituição de qualquer sociedade é a família, que constitui sua unidade primordial e sua menor porção. É nela que aprendemos os valores e princípios que amparam nossas condutas, a partir da interação com os demais integrantes, para exercermos nossas funções sociais. Cada família é fundamental para os coletivos gerados a partir dela, pois, cumprindo seu papel, permite o desenvolvimento da própria comunidade que compõe, recebendo em retribuição o necessário para sua continuidade. Se essa instituição é continuamente estimulada, ela se desenvolve e se fortalece, mas, quando ocorre o contrário, ela se atrofia e enfraquece, levando consigo toda a sociedade, como uma metástase social.

A aprendizagem familiar deve ser consolidada pela educação escolar. Além da instrução, será na escola, segunda mais importante instituição da sociedade, que os valores e princípios que as crianças e os adolescentes aprenderam na família serão exercitados na relação com o outro. Por fim, esses dois campos de aprendizagem nos prepararam para a educação profissional, direcionando nossos atributos, aptidões e vontades para o aprendizado de algum ofício, por meio da prática, do ensino técnico ou superior. Assim, estaremos prontos para exercer nossas funções sociais como cidadãos, ou seja, como integrantes de uma equipe.

Não há como dissociar uma dimensão educacional da outra. Devemos entendê-las como complementares; o contrário não seria lógico. Todas as duas são importantes para a constituição da integralidade do indivíduo, preparando-o para contribuir para a sociedade a que pertence, como também receber em retribuição, mesmo que não espere por isso. A partir dessa perspectiva, não seria difícil concluir que todos estaríamos em condições de buscar o alto desempenho em qualquer das atividades que escolhêssemos ou que fôssemos induzidos a escolher pelas contingências sociais. Dessa forma, dependeria, tão somente, de nossa vontade de participar e de quanto se empenhar.

Pensemos agora o que está acontecendo em nossa sociedade. Desde os anos 1980, a instituição familiar vem sofrendo críticas e ataques sistemáticos por parte de pensadores, educadores e políticos, nacionais e estrangeiros, que são os proprietários e difusores de velhos e novos dogmas. Alguns dos argumentos utilizados, de que pais oprimidos não possuem condições de educar seus filhos, porque reproduziriam o modelo opressor, e de que a família é uma invenção da burguesia, chegaria a ser risível se não fosse trágico, em razão das consequências naturalmente desastrosas, se essas novas e duvidosas verdades fossem adotadas. A primeira quer impor uma nova ordem, transformando os pais em meros reprodutores, que entregariam sua prole para as castas pensadoras e superiores que irão "criá-los sem opressão", e a segunda desconsidera o processo histórico, antropológico e evolucionário da família na constituição da sociedade humana.

O mesmo ocorre na educação escolar. Testemunhamos, nos últimos anos, a tentativa de domínio pelas castas pensadoras e superioras dessa segunda e mais importante instituição social. É nesse ambiente que as crianças e os adolescentes deveriam consolidar os valores e princípios que aprenderam em família, durante a interação com os demais, sob a tutela de um educador, que também detém a responsabilidade de compartilhar seu conhecimento, de acordo com os padrões educacionais planejados e aceitos pela sociedade. Contudo, comparando o nível do desempenho escolar de nossos jovens com os de outros países, verificamos que estamos muito abaixo da média mundial e que não somos preparados para trabalhar em equipe. A principal pauta de discussão do ensino brasileiro, defendida por "especialistas", está na imposição do ensino da ideologia de gênero e da doutrinação ideológica, sem qualquer possibilidade de discussão com a sociedade e os pais dos alunos, pois dogma não se discute. Assim, não resolvemos as prioridades dos problemas essenciais da educação brasileira, mas os proprietários das novas verdades insistem na injunção de manter o que podemos entender como supérfluo.

Observamos, nos últimos anos, o surgimento de uma resistência aguerrida aos acometimentos citados. A gênese de um movimento de antítese, refreando as novas teses, começa a produzir efeitos com a discussão pública dos temas e a tomada de decisão coletiva e democrática sobre os rumos a serem tomados. Escolas antes consideradas críticas, pelo comportamento e desempenho escolar dos alunos, passam a ser administradas por policiais militares, na chamada militarização escolar pelos pregadores da nova ordem, quando na verdade se trata da implantação da disciplina, do retorno da autoridade e do reconhecimento do bom desempenho, o que torna essas escolas referências em tais temas e produz filas de espera para a matrícula de novos alunos.

Pela demora do despertar social, esses movimentos de resistência foram tardios. Basta analisar os efeitos da adoção das teses estranhamente chamadas de progressistas por muitas famílias, escolas e instituições. Pais passaram a ser colegas dos filhos, e os professores se transformaram em líderes de movimentos sociais e políticos para seus alunos. Transformaram o essencial da educação em pano de fundo para a promoção de uma mudança radical de comportamentos, utilizando relevantes argumentos sobre a necessidade de garantia de direitos das minorias e a pregação da tolerância das diferenças quando, na verdade, demonstram uma dissonância cognitiva ao usar a própria violência e intolerância como resposta aos problemas que apontam.

Isso só foi possível pelo desenvolvimento de uma geração com o sentido corrompido de liberdade. A partir de um egocentrismo que determina o prazer e a satisfação pessoal e de seus iguais como objetivo principal, sem a devida noção de dever para com todos e do conveniente desconhecimento de limites de direitos, ignoram qualquer princípio de respeito pelo outro que pensa diferente. Dessa forma, constatamos o aumento significativo de pessoas que se frustram com facilidade, reagindo com agressividade, ansiedade ou se deprimindo — a chamada geração "floco de neve" ou "bolha de sabão". Assim, presenciamos o resultado infeliz de desrespeito aos pais que buscam exercer suas funções sociais, ou qualquer outra forma de autoridade "opressora".

Nas escolas, os professores comprometidos com a educação não podem oprimir seus alunos estimulando, ou cobrando, a obtenção de melhores resultados. Da mesma forma, não há como orientá-los devidamente para trabalhar em equipe, porque isso fortaleceria a desigualdade, em razão de se tratar de um modelo hierarquizante em que muitos se submetem a alguns. Então, a melhor prática é a anarquia, não reprovar ninguém e desqualificar o mérito. Sobre isso venho acompanhando o mais novo alvo de ataque das imposturas intelectuais, a meritocracia. Algumas publicações de educadores, filósofos e neurocientistas pregam que meritocracia no Brasil é uma "balela".

Meritocracia: "A cada um, segundo suas obras"

Ao ler os artigos desses especialistas, fica evidente que entendem um sistema de méritos como expressão de uma ideologia meritocrática aplicável na sociedade para toda e qualquer ordenação social. Nesse caso, as únicas e legítimas hierarquias seriam aquelas baseadas na seleção dos melhores, para ocupação de funções e recebimentos diferenciados de benefícios. A crítica que fazem ao sistema, baseia-se na singular premissa que ele desconsidera as diferenças sociais abissais entre as pessoas no país. Desse modo, não poderia ser levado em conta como uma forma de reconhecimento. Até esse ponto eu concordo inteiramente, pois a adoção de um sistema de méritos para avaliar desiguais seria um total absurdo, em razão de transformá-lo em uma estrutura de sustentação da desigualdade, privilegiando aqueles que tiveram acesso a melhor formação e oportunidades. Não há como negar a crítica. Contudo, achar que meritocracia só deve ser entendida dessa forma seria um absurdo maior, uma ignorância ou impostura intelectual.

A meritocracia[1] também pode ser entendida como critério lógico de ordenação social, por meio do reconhecimento público da capacidade de cada um realizar determinada tarefa, ou ocupar determinada posição hierárquica, com base nos seus próprios esforços e talentos pessoais em determinadas circunstâncias. Dessa forma, esse sistema só teria sentido na avaliação do mérito entre similares, por meio de parâmetros acessíveis, que podem ser compartilhados com todos e mensurados com isenção. Devo lembrar que, por melhor e mais justo que qualquer sistema de avalição possa ser, ele implicitamente detém alguma imprecisão, pois há entre nós uma diferença natural: somos indivíduos biológicos e psicologicamente diferentes, e reagimos de formas distintas a um mesmo estímulo. Contudo, nem por isso estamos impedidos de estabelecer critérios de merecimento, pois uma estrutura baseada na avaliação do empenho e desempenho individual e coletivo tem o escopo muito maior do que identificar e escolher pessoas para alguma premiação ou ocupação de função.

Na verdade, um sistema fundamentado no mérito possui o potencial de estabelecer um ambiente que, continuamente, estimula pessoas ao protagonismo. Quando alguém busca se desenvolver por meio de parâmetros conhecidos e compartilhados, transforma-se em um arquétipo capaz de inspirar e de ser seguido por todos que assim o queiram — liderança. Podemos identificar esse modelo com alunos de uma mesma série escolar, com o quadro de honra, colaboradores de uma mesma categoria ou repartição e vendedores de uma mesma empresa, com os melhores do mês, ou qualquer outro ranking de reconhecimento. Mas o que vemos hoje em dia é o abandono dessa estrutura, como o que vem ocor-

---

1 Para saber mais sugiro a leitura de: BARBOSA, Lívia. *Igualdade e meritocracia: A ética do desempenho nas sociedades modernas.* Rio de Janeiro: Editora FGV, 2001.

rendo em várias escolas que estão abolindo os quadros de mérito sob a alegação de que ele menospreza e frustra a maioria, que não consegue atingir melhores resultados, tornando-se a primeira ação afirmativa no país em favor de uma maioria.

Desconsiderar o mérito é nivelar o grupo pela mediocridade e impedir o desenvolvimento de arquétipos inspiradores dos demais, extinguindo a possibilidade de surgimento de novas lideranças. Havendo ocupações, funções ou cargos a serem preenchidos ou recompensas a serem distribuídas, na inexistência de um sistema justo de escolha dos melhores, o detentor do poder da decisão, ou comissário, se fundamentaria, inevitavelmente, em sua análise pessoal, muitas das vezes afetada pelo paternalismo, nepotismo ou compadrio, típicos da cultura relacional brasileira ou de sociedades tradicionais. Assim, restringir ou menosprezar o entendimento de uma dimensão tão importante no desenvolvimento de grupos sociais e equipes, capaz de motivar pessoas para a ação, seria uma ignorância inominável ou uma estratégia intelectual leviana. Ainda bem que não conseguiram acabar com o Prêmio Nobel, de caráter global, o Prêmio Jovem Cientista e as tantas olimpíadas de diversas áreas da ciência.

Quero deixar claro que não sou contra mudanças, pois sem elas não teríamos descido das árvores. Acredito que possamos repensar alguns princípios e até mesmo valores sociais, diante da necessidade de ajustá-los às mudanças que a humanidade experimenta em sua trajetória evolucionária. A história nos mostra que essas mudanças foram necessárias em vários momentos, mas também é testemunha das grandes tragédias sociais que produziram. Assim, desconstruir ou destruir alguns valores e conceitos, como o de família, utilizando a justificativa de que ela é uma forma de perpetuação de uma doutrina tradicional econômica, política ou religiosa, seria o mesmo que decretar o fim do corpo em razão de uma doença ocasionada por hábitos insalubres, que poderiam estar afetando seu funcionamento. O problema é que temos demonstrado uma profunda incapacidade de produzir uma síntese a partir de teses antagônicas.

Alta performance

Então, estabelece-se um paradoxo no qual, reconhecendo que não há em nosso país uma cultura de alta performance, como ainda verificamos sua existência em nosso meio? Na verdade, podemos encontrar pessoas, equipes e organizações com essas características em qualquer atividade. Ao longo desses dez anos de aprendizagem, identifiquei instituições que adotaram princípios, métodos e processos para alcançar objetivos relevantes, criando um movimento de contracultura a partir da vontade das pessoas e da convergência de valores e objetivos, formando equipes de alto desempenho. O Bope é mais um significativo exemplo.

A afinidade entre os valores pessoais e os institucionais produz uma sinergia fabulosa, com potencial para gerar resultado, um sentimento peculiar de pertencimento e mobilização, que passa a caracterizar o próprio grupo. A convergência de valores produz um ambiente de comprometimento e superação, estabelecendo uma forma diferenciada de se relacionar com os objetivos, metas e tarefas da equipe e dos próprios indivíduos. Podemos, então, chegar à conclusão natural de que tropa de elite é a integração de pessoas determinadas, mobilizadas por um sentimento de pertencimento à instituição que lhes proporciona os meios para que possam colocar em ação seus atributos pessoais, de forma organizada por métodos e práticas peculiares. Daí a importância do processo seletivo, da capacitação e das ações permanentes de gestão de pessoas, para desenvolver e manter um ambiente organizacional que corresponda às expectativas da instituição e de seus integrantes.

Precisamos entender que, mesmo vivendo em um país que demonstra considerar a alta performance como uma violação do "bem viver", instituições e pessoas conseguem romper esse entendimento, passando a viver bem. As organizações que dependem de seus resultados para continuar existindo buscam se amparar nos conceitos de alto desempenho para sobreviver em ambientes que, continuamente, exigem melhor qualidade, demandando maior produtividade. Também são chamados de competitivos. Contudo, quem seriam as pessoas que não foram educadas, desde a mais tenra idade, para ter um comportamento peculiar, como em Esparta, e que também não são geneticamente modificadas?

Missão

Acredito em três hipóteses. A primeira, que a educação profissional para as atividades de serviços e produtos, de forma geral, é muito mais voltada para o alto desempenho do que se poderia esperar de uma preparação prévia na educação escolar. Sem dúvida, a mudança de uma dimensão educacional para outra provoca um natural confronto de ideais, mas hoje identificamos no país instituições criadas, efetivamente, para o empreendedorismo e a liderança, em uma clara contramão do pensamento desenvolvido no ensino escolar. A segunda hipótese tem relação com a formação familiar. Pais que estimularam seus filhos a buscar sempre o melhor, a assumir responsabilidades por meio de tarefas domésticas e a se comprometer com seu próprio desempenho escolar os preparam para enfrentar o mundo desafiador em que vivemos.

A terceira hipótese diz respeito à oportunidade de vivenciar, ao longo da vida, acontecimentos e adversidades de tamanha dimensão que se estabeleceram como marcos de transição pessoal. São experiências que, pela profundidade e importância, produzem uma transformação, uma mudança de mentalidade. Trata-se do despertar para uma nova realidade e um novo sentido para a vida, estabelecendo uma causa ou propósito — uma missão. Pessoalmente, tenho três marcos de transformação em minha vida pessoal: a separação de meus pais, o nascimento de meus filhos e o retorno de meu filho mais velho, o Pedro, para o plano espiritual. Na vida profissional, tenho outros três: a impossibilidade de seguir um sonho por limitação financeira, o Curso de Operações Especiais e a decisão de abandonar minha carreira na Polícia Militar. Todos esses fatos foram determinantes para me tornar o que sou, pois cada um deles me impôs uma realidade de escolha entre superar ou sucumbir. Entre fugir ou lutar, decidi vencer!

Quando alguém escolhe essa alternativa, surgem imediatamente alguns questionamentos: quem se deve vencer? O que vencer? Como vencer? As repostas para cada uma são muito simples: vencer a si mesmo, pois nós somos nossos principais adversários; nossas limitações e nossos medos que impedem que alcancemos a vitória; buscando, continuamente, a fazer o melhor até chegar aos objetivos, aprendendo a cada vitória e, principalmente, a cada derrota, pois é dessa forma que a transformamos em êxito. Descobrimos, assim, que a decisão de vencer está em nossa própria vontade, que transforma objetivos em missão.

Determinar que estamos diante de uma missão é uma escolha individual e intrasferível, e só ocorre quando atribuímos um alto grau de importância ao que tem que ser realizado e, voluntariamente, nos empenharmos muito mais do que qualquer contrato de trabalho ou norma burocrática possam exigir. Essas atitudes podem ser observadas em uma equipe que recebe uma meta difícil para alcançar, ou um indivíduo diante de um desafio pessoal, como conseguir uma vaga em um emprego, alcançar uma meta recebida, obter melhores notas nas provas escolares, superar marcas de desempenho em uma atividade física, perder peso ou, simplesmente, "entregar uma mensagem".

Nossa consciência de valor, construída com nossas experiências, determina o que é importante, prioritário e urgente. Mesmo estando inseridos em uma cultura que não nos prepara para sentir e agir fora do padrão de mediocridade, em razão de obstáculos supostamente intransponíveis, em algum momento de nossas vidas seremos despertados para a missão. Decidiremos, por algum motivo, que vale a pena correr riscos, pensar diferente e assumir responsabilidades, algo que passa a ser alcançável pela nossa capacidade e, principalmente, nossa força de vontade — nosso querer. Tomaremos atitudes que farão parte de nossa história pessoal, quando escolheremos que papel desempenhar: vítima, figurante ou protagonista.

Por mais complexo ou simples que a tarefa possa ser, o valor que lhe atribuímos por seu significado material ou simbólico, para nós ou para outras pessoas, é que determinará sua relevância, pois passaremos a percebê-la não como trabalho, mas como nossa "missão". Somente transformados somos capazes de transformar desafios em oportunidade, então: Qual é a sua missão?

> *Quem passou pela vida em branca nuvem,*
> *E em plácido repouso adormeceu,*
> *Quem não sentiu o frio da desgraça,*
> *Quem passou pela vida e não sofreu,*
> *Foi espectro de homem, não foi homem,*
> *Só passou pela vida, não viveu.*
> (Francisco Octaviano, Ilusões da vida)

BIBLIOGRAFIA SUGERIDA

BARBOSA, Lívia. *Igualdade e meritocracia: A ética do desempenho nas sociedades modernas*. Rio de Janeiro: Editora FGV, 2001.

DURKHEIM, Émile. *As formas elementares da vida religiosa*. São Paulo: Edições Paulinas, 1989.

FREUD, Anna. *O Ego e os mecanismos de defesa*. Porto Alegre: Artmed, 2006.

GEERTZ, Clifford. *A interpretação das culturas*. Rio de Janeiro: Zahar, 1978.

GUYTON, Arthur C.; HALL, John E. *Tratado de fisiologia médica*. 12ª ed. Rio de Janeiro: Elsevier, 2011.

HEGEL, G. W. Friedrich. *Vida e obra*. São Paulo: Nova Cultural, 2005 (Col. Os Pensadores).

KANT, Immanuel. *Vida e obra*. São Paulo: Nova Cultural, 2005 (Col. Os Pensadores).

KÜBLER-ROSS, E. *Sobre a morte e o morrer*. São Paulo: Martins Fontes, 1992.

MOSCOVICI, Serge. *A representação social da psicanálise*. Rio de Janeiro: Zahar, 1978.

ROUSSSEAU, Jean-Jacques. *Vida e obra*. São Paulo: Nova Cultural, 2005 (Col. Os Pensadores).

SCHERMERHORN, John; HUNT, James; OSBORN, Richard. *Fundamentos de comportamento organizacional*. Porto Alegre: Bookman, 1999.

STORANI, Paulo. *Vitória sobre a morte: a glória prometida. O "rito de passagem" na construção da identidade dos Operações Especiais do Bope/PMERJ.* Dissertação apresentada ao Programa de Pós-Graduação em Antropologia da Universidade Federal Fluminense, como requisito parcial para obtenção do grau de Mestre em Antropologia Social, 2008.

TAKEUSHI, H.; NONAKA, I. *Gestão do conhecimento.* Porto Alegre: Bookman, 2008.

TURNER, Victor. *Floresta de símbolos: aspectos do ritual Ndembu.* Niterói: EdUFF, 2005.

TURNER, Victor. *O processo ritual: estrutura e antiestrutura.* Petrópolis: Vozes, 1974.

WEBER, Max. *A ética protestante e o "espírito" do capitalismo.* São Paulo: Companhia das Letras, 2004.

WEBER, Max. *Vida e obra.* São Paulo: Nova Cultural, 2005 (Col. Os Pensadores).

Este livro foi composto na tipografia Minion
Pro, em corpo 11/15, e impresso em
papel off-white no Sistema Cameron da
Divisão Gráfica da Distribuidora Record.